André F. Lichtschlag

Operation Spaltung

Kriminalgeschichte der AfD

LICHTSCHLAG NR. 24

LICHTSCHLAG NR. 24

André F. Lichtschlag

Operation Spaltung

Kriminalgeschichte der AfD

ISBN: 978-3-939562-29-0

Coverfoto (Lucke und Petry) von blu-news.org

Lichtschlag Buchverlag
Natalia Lichtschlag Buchverlag und Büroservice
Malvenweg 24
41516 Grevenbroich

Inhalt

Vorwort

André F. Lichtschlag zeichnet die Entwicklung und Weichenstellungen der Alternative für Deutschland (AfD) nach. Heute muss selbst ein objektiver Beobachter – der ich nicht bin – sagen: Seine Nase hat ihn nur selten getrogen.

Seine wesentliche Leistung: Er hat früh erkannt, dass die AfD eine Partei für ein ganz eigenes Milieu ist. Die AfD ist nicht eine FDP 2.0 ohne Euro-Rettung und keine Union 2.0 mit etwas mehr Wirtschaftskompetenz. Sie ist auch keine Mischung aus beidem, auch wenn sie aus beiden Gruppen Wähler gewonnen hat. Für mich war das von Anfang an klar. Man kann mir vielleicht entgegenhalten, dass dies im Rückblick leicht zu behaupten ist.

Ich glaube aus guten Gründen, dass es anders ist: Seit etwas mehr als einem Jahr habe ich ein Mandat im Europäischen Parlament. Dieses verdanke ich den Wählern der AfD. Ich kenne die Wähler der AfD. Sehr viele persönlich. Und ich kenne das Milieu. Obwohl ich mein Mandat erst kurz innehabe, kann ich auf rund 20 Jahre Politikerfahrung zurückblicken. In diesen 20 Jahren habe ich mich wie viele andere stets nach einer liberalen und konservativen Reformpartei gesehnt. Einer Partei, die die Interessen der vergessenen Leute vertritt. Gesellschaftlich konservativ mit einem minimalinvasiven Staat. Konservativ, weil es meine feste Überzeugung ist, dass Werte und Traditionen von Bedeutung sind. Liberal, weil ich nicht glaube, dass der Staat diese Werte und Traditionen protegieren sollte. Reformerisch, weil der Staat zur Beute einer linken Mehrheit geworden ist, die ihrerseits den Staat nicht als neutrales Instrument betrachtet, sondern ihn als Werkzeug, zuweilen gar als Waffe einsetzt, um linke Vorstellungen durchzusetzen. Dieser Missbrauch muss beendet werden.

Die AfD ist daher bis zu einem gewissen Grade auch eine Protestpartei. Protest gegen diesen Staat und seinen Missbrauch.

Protest gegen eine Politik, die auf Andersdenkende keine Rücksicht mehr nimmt und den Minderheitenschutz, ohne den eine Demokratie nicht denkbar ist, ignoriert. Protest gegen eine Kirche, die nicht als Gegenpol und Wertevorbild dient, sondern sich willfährig der bunten Republik hingibt und sich somit selbst auflöst. Protest auch gegen einen Journalismus, der so häufig weder berichtet noch kritisiert noch recherchiert, sondern zum tumben Meinungs- und (Un-) Werteverstärker derjenigen geworden ist, die an den Schalthebeln der Macht sitzen.

Und deshalb ist die Analyse von Lichtschlag auch richtig. In der Tat war die AfD ein „Koalitionsprojekt“ von „Liberalen, Konservativen, Christen, Libertären, Patrioten, Antifeministen, Klimaskeptikern“ und anderen. Freilich hat die AfD auch heute noch vielfältige Strömungen. Doch sie alle eint erstens nicht nur der Protest und damit eine grundlegende Skepsis gegenüber dem Ist-Zustand der Republik, sondern vor allem auch die Überzeugung, dass der Staat in zu viele Lebensbereiche vorgedrungen ist, in denen er nichts zu suchen hat. Im Privaten, in der Familie, müssen Entscheidungen ungehindert vom Staat selbständig getroffen werden dürfen.

In diesem Milieu habe ich mich über lange Jahre bewegt. Ich habe geholfen, dieses Milieu mitzuprägen. Erst neben meinem Beruf. Dann in Vollzeit als Beruf. Aber stets mit vollem Einsatz. Darauf bin ich, diese Schwäche will ich zugeben, stolz. Und aus diesem Milieu ist die AfD entstanden. Denn die Partei ist tatsächlich damals zum Kristallisationspunkt der ebenso Enttäuschten wie Hoffnungsvollen geworden, zu denen auch ich gehörte – und gehöre. Meinen Platz in der Partei habe ich dann mit Beharrlichkeit und Geradlinigkeit erlangt. Mein Mittel der Wahl: Ich habe das gemacht, was ich 20 Jahre lang gemacht habe, und habe meine politischen Positionen kein Jota verändert. Ich habe „mein Ding“ gemacht. Ich bin in der glücklichen Lage, dass die Partei mehrheitlich tickt wie ich.

Anders ist es für Bernd Lucke gewesen. Er hat stets versucht, die Partei nach seinem Bilde zu formen und von oben nach unten durchzuregieren. Andersdenkende hat er mit allen

Mitteln bekämpft. Zuletzt bekämpfte er sogar seine eigene Basis. Die hat ihn dann konsequenterweise auf dem Essener Parteitag vom 5. Juli 2015 mit großer Mehrheit abgewählt. Damit kann die AfD endlich intern verwirklichen, was sie programmatisch ohnehin fordert: mehr Demokratie, vor allem direkte Demokratie nach Schweizer Vorbild.

Inzwischen arbeiten wir alle gemeinsam an der Zukunft der AfD. Die Motivation ist groß – wahrscheinlich größer als bei ihrer Gründung. Partizipation der Mitglieder und die Pointierung der Themen in ihrer ganzen Breite tragen die Partei und verleihen ihr ein neues Momentum. Und es gibt viel zu tun. Die Systemparteien haben durch ihre konturlose Politik eine große Zahl von Wählern enttäuscht, die wir gewinnen können. Unser Milieu ist das Milieu der vergessenen Leute. Es sind diejenigen, die leistungsbereit sind, denen vom Staat aber ein übergroßer Anteil der Früchte ihrer Arbeit genommen wird. Mit ihren Abgaben müssen sie Schulen finanzieren, in denen den Kindern nicht beste Rechen-, Lese- und Schreibfertigkeiten, sondern mit dem Elternhaus konfligierende Werte vermittelt werden. Es sind die, die trotz 80 Prozent Abgabenquote auf Benzin auf mit Schlaglöchern übersäten Straßen weite Wege zur Arbeit pendeln, die öffentlich-rechtliche Rundfunkanstalten bezahlen, die ein ungewolltes Programm senden, und die nach 40 Wochenstunden Arbeit und 40 Berufsjahren ein Altersauskommen erwartet, das mit der Lebensleistung nicht korrespondiert. Kurz: Die AfD kümmert sich um die, die die Musik bezahlen, die aber für andere spielt – die Opfer der systematischen Umverteilung von Einkommen und Werten.

In der AfD haben sich viele dieser vergessenen Leute gesammelt. Sie bilden in der AfD die Mehrheit. Wir treten für drastische Reformen in den Sozialversicherungssystemen, im Steuersystem, bei der überbordenden Regulierung und Bürokratie, in der Energie- und Klimapolitik und auch im Schulsystem ein. Nicht zuletzt verlangen wir auch Änderungen in der Geldpolitik und ganz besonders an der Stellung Deutschlands im Verhältnis zur EU und dem internationalen Institutionengefüge. Beispielsweise habe ich gefordert, dass Deutschland auf eine Neuverhandlung der EU-Verträge durch eine Drohung mit Austritt und einem Austrittsreferendum drängt – wie das Großbritannien macht. Ich habe auch gefordert, dem Gold wieder eine Funktion im Geldsystem einzuräumen. Derzeit erlebt Deutschland eine weitere Krise durch den Zusammenbruch des Asylsystems, das nicht für Einwanderung taugt. Die AfD hat gefordert, dass Asyl – als Instrument für die Verfolgten – nur noch nah am Krisenherd und außerhalb Deutschlands als Botschaftsasyl beantragt werden kann, flankiert von einem Einwanderungsgesetz, wie es Deutschland wirklich braucht.

Das alles sind grundlegende Systemwechsel, die aber – das ist der Anspruch der AfD und der fruchtbare Acker ihrer Gründung – immer stets fest auf dem Boden der freiheitlich-demokratischen Grundordnung stehen. Die AfD ist aus dem Rechtsbruch der Maastricht-Verträge geboren. Die Wiederbelebung des Rechtsstaats ist unser Anspruch. Das in Arbeit befindliche Programm der AfD wird zeigen, dass wir es sowohl mit dem Grundgesetz als auch dem Rechtsstaat und erst recht der Systemkritik bei Themen über den Euro hinaus ernst meinen.

Und wenn das Programm steht, dann ist das erst der Anfang unserer Arbeit. Es ist kein Erfolg an sich, dass es in Deutschland erstmals eine liberal-konservative Partei gibt. Es gilt praktische Erfolge zu erzielen, die nur im ideologischen Konflikt der Visionen errungen werden können. Der ideologische Konflikt zeigt sich daran, dass Kompromisse schwer zu finden sind, weil die Vorstellungen von einer sachgerechten Lösung zu weit auseinanderliegen.

Die Zahl dieser Konflikte nimmt zu. Ich erlebe sie täglich im Europäischen Parlament, wo ich konsequent überstimmt werde und ich auch nichts Gutes an dem finde, was mehrheitlich beschlossen wird. Ich erlebe sie regelmäßig bei Veranstaltungen, wo ich für die bloße Äußerung meiner Ansichten mit faulen Eiern beworfen werde. Und ich erlebe das auch auf meiner Facebook-Seite, wo neben einer enormen Zustimmung und Unterstützung eben doch Diffamierungen und Beleidigungen an der Tagesordnung sind. Ein ideologischer Konflikt dieser Art wurde auch in der Hayek-Gesellschaft ausgetragen, in der ich Mitglied bin. Und ich bin sicher, es werden in Zukunft noch viele Feuer ähnlicher Art aufflackern. Für mich heißt das: Es liegt Veränderung in der Luft.

Wir sehen den ersten Großbrand in Form der Zuspitzung der Asylkrise. Eine Million „Flüchtlinge", eine Bundeskanzlerin, die den Regierungssitz mit einer Kanzel verwechselt und eine undifferenzierte Willkommenskultur predigt, während sie mir nichts dir nichts den ohnehin bankrotten deutschen Sozialstaat auf die ganze Welt ausweitet – denn Asyl kenne angeblich keine Obergrenze. Dazu ein der Richtlinienkompetenz der Kanzlerin unterliegender Innenminister, der vollmundig in einer Pressekonferenz die Begrenzung des Flüchtlingsstroms behauptet, während er seine Ministeranordnung verschweigt, nach der das Gesetz außer Kraft gesetzt wird, nach dem Asylbewerbern aus Drittstaaten die Einreise zu verweigern ist. Die Mischung aus dem Lockruf der Kanzlerin und der Röcke-hoch-Politik ihres Ministers ist explosiv.

Meine Erwartung: Die Entfremdung der vergessenen Leute von den Systemparteien mündet in einer Re-Politisierung der apathischen Menschen. Es hat etwas Ironisches, dass die von der Linken planvoll durchgeführte Voll-Politisierung aller Lebensbereiche nun umschlägt in ihr Gegenteil. Das Wachstum einer neuen Opposition ist unübersehbar. Ich wage die Vermutung, dass sich das bei den nächsten Landtagswahlen und bei der Bundestagswahl 2017 in den Ergebnissen zeigen wird.

Zeigen wird sich die Re-Politisierung auch in den Medien. Alternative Zeitschriften wie *eigentümlich frei* dürfen sich auf großen Erfolg und eine sprunghaft wachsende Leserschaft freuen. Ich erwarte eine deutliche Vergrößerung der Absatzmöglichkeiten. Dieses wachsende Marktpotential bietet Chancen, die genutzt werden können. Schon dieses Buch von André F. Lichtschlag zur AfD wird davon profitieren. Ich wünsche dem Buch und allen anderen Produkten aus dem Hause Lichtschlag größten Erfolg. Denn die Märkte für alternativen Journalismus und alternative Politik befruchten sich gegenseitig. Jeder neue Leser alternativer Medien unterstützt den Erfolg alternativer Politik, jeder Wähler bringt den Medien mehr Leser.

Und dadurch sind strukturelle Veränderungen zum Greifen nahe. Die Mehrheitsverhältnisse verschieben sich. Die Union als Staatspartei und Kanzlerwahlverein hat ausgedient. Das bereitet den Boden für ein Deutschland, dessen Bürger in Freiheit leben können. Ohne Angst vor staatlicher Überwachung. Mit der Chance, ein Einkommen zu verdienen, ohne dass man in Sorge an die nächste Steuererklärung denken muss. Ein Deutschland, in dem Polizisten sich um Verbrecher kümmern statt um Schwarzarbeiter und Zu-schnell-Fahrer. Der Mensch ist frei geboren, nicht als Sklave. Der Staat hat diese Freiheit zu verteidigen. Nicht der Staat gewährt dem Bürger seine Freiheit, sondern der Bürger kontrolliert den Staat. Freiheitsrechte werden wieder groß geschrieben. Wo der Staat nicht zurückgedrängt wird, da gibt es demokratische, direkte Teilhabe. Außenpolitisch tritt Deutschland endlich wieder bescheiden auf, hält sich von Brandherden fern, statt sich in Konflikte zu drängeln, die letztendlich die Sicherheit der Bürger gefährden. Wir pflegen freundschaftliche Beziehungen mit allen europäischen Nachbarn, ohne dass ihnen Mindeststeuersätze bei der Körperschaftssteuer, Flüchtlingsquoten oder die Troika oktroyiert werden. Darum ist mein Motto: Mit Mut für die Freiheit und mit Herz für Deutschland.

Beatrix von Storch

I. Vorgeschichte: Skript

Hier und dort wurde der Autor dieses Buches bezichtigt, früh an der Wiege der AfD Pate gestanden zu haben. Dabei wird gerne auf einen Artikel verwiesen, der im Jahr 2003 unter der Überschrift „Rudi Möllemann“ in der von mir herausgegebenen Zeitschrift *eigentümlich frei* erschien. Ich hatte damals Risiken und Chancen einer neuen Partei erörtert und auf die Entstehungsgeschichte der Grünen verwiesen:

„Erinnern wir uns: Im Lauf der 70er Jahre und quasi als Nachgeburt von 1968 sprossen allerorten Basisinitiativen und Kleinparteien aus dem Boden: rote oder grüne Initiativen, mit radikal-sozialistischen oder konservativ-ökologischen Zielen: hier die Kommunistische Partei Deutschlands/Marxisten-Leninisten (KPD/ML), gegründet 1968; die Kommunistische Partei Deutschlands (KPD), gegründet 1970; der Kommunistische Bund (KB), gegründet 1971; der Kommunistische Bund Westdeutschland (KBW), gegründet 1972 – und viele weitere sozialistische Kleingruppen, die mehr oder weniger bei der Gründung der Grünen eine Rolle spielten. Und dort waren es etwa die Aktionsgemeinschaft Unabhängiger Deutscher (AUD), gegründet 1965; die Grüne Liste Umweltschutz (GLU), gegründet 1977; die Grün-Alternative Liste (GAL), gegründet 1978; die Grüne Aktion Zukunft (GAZ), gegründet 1978 – und viele weitere ökologische Kleingruppen, die ebenfalls mehr oder weniger bei der Gründung der Grünen dabei waren. Alleine, das hatte man inzwischen feststellen müssen, hatte man keine Chance. Selbst ein Verbund der ökologischen Listen hier und der sozialistischen Kaderparteien dort wäre jeweils auf sich alleine gestellt gescheitert. Und etwa die Sozialisten selbst waren sich aus ihren unterschiedlichen Gruppierungen kommend nicht gerade grün. Erst die Auflösung in einer Sammlungspartei mit

Partnern aus kulturell ganz anderen Zusammenhängen sorgte hier für die nötige Toleranz und Bereitschaft etwa zur Zusammenarbeit von Ex-Putztrupplern mit Ex-KPDlern, von Fraktionen einer Denkrichtung, die sich zuvor jahrelang bis hin zu körperlichen Auseinandersetzungen bekämpften. Man versuchte es gemeinsam, um des Erfolges willen. Und das gelang: Aus dem Geflecht der unterschiedlichen Gruppierungen, die während etwa eines Jahrzehnts entstanden waren, sollte nun mittels einer ökosozialistischen Sammlungspartei ab 1979 der Durchbruch gelingen, basisdemokratisch – mit endlos langen Personal- und Programmdiskussionen. Die chaotischen ersten Parteitage der Grünen sind heute Legende. Wer Anfang der 80er Jahre regelmäßig die Tagesschau gesehen hat, wird die Bilder stillender Ökomütter im Kampfgeschrei gegen sozialistische Geiferer nicht vergessen haben."

Eine konservativ-libertäre Sammlungspartei aber, so folgerte ich damals weiter, sollte sich „diesen Beginn ersparen. Die Grünen konnten einen solchen medialen Super-GAU nur deshalb durchstehen, weil sie von einer Sympathiewelle der Journalisten getragen wurden, die insbesondere in den öffentlich-rechtlichen Medien selbst der hysterischsten Unflätigkeit immer noch etwas ‚Richtungsweisendes und Klärendes' abgewinnen wollten." Eine konservativ-libertäre Partei hätte diese Unterstützung nicht zu erwarten und müsse deshalb quasi „von oben" gegründet werden: „Ein charismatischer Kopf wäre zwingend nötig."

Wofür sollte die neue Partei dann eintreten? Meine Forderung vor mehr als zwölf Jahren: „Programmatisch sind die nötigen Antworten sehr schnell in der Antithese zur rotgrünen heutigen Mehrheitsmeinung gefunden. Stehen die Ökosozialisten gerade in Deutschland für Etatismus (sie haben es geschafft, dass Sozialleistungen heute als Anspruch betrachtet werden: als Anspruch, auf Kosten anderer zu leben), für diskriminierenden Feminismus (kein Mensch regt sich mehr über perverse Frauenquoten in der Politik oder diskriminierende Frauenparkplätze in der Tiefgarage auf), für spaßbremsenden Ökofanatismus (Deutschland ist zum Amüsement aller anderen zum Volk der ernsthaften Müllsortierer und Zurückbringer klebriger alter Cola-Dosen geworden), für Zentralismus (die Ökosozialisten sind die Vorreiter einer zentralen Politikgleichschaltung aus Brüssel, langfristig wird die Stärkung der UN auf dem Weg zum Weltstaat angestrebt) sowie für zeigefingerschwingenden Antifaschismus (für die falsche Meinung geht man in der BRD ins Gefängnis, und das Büßergewand ist Pflichtkleidung für die Deutschen). Ohne die Grünen wäre eine allgegenwärtige gesellschaftliche Gleichschaltung hin zur feministisch-etatistisch-ökofanatisch-zentralistisch-antifaschistischen Republik niemals möglich gewesen. Nun ist es höchste Zeit zum Widerstand."

Und deshalb: „Die fünf Grundpfeiler einer solchen Bewegung liegen auf der Hand: Kehren wir den rotgrünen Spieß einfach um: Die neue Kraft wird für Freiheit und Selbstverantwortung (und damit für radikalen Staatsabbau auch im Bereich ‚Soziales' oder im Bereich Bildung) stehen, die traditionelle Familie wieder als die Keimzelle der Gesellschaft betrachten, für Lebensfreude und Zukunftsoptimismus werben (und den Umweltminister in den gelben Sack stecken und ihm eine seiner klebrigen Dosen hinterherwerfen), für Föderalismus und Subsidiarität streiten und für ein nationales Selbstverständnis auch als Deutsche eintreten."

Weiter schrieb ich: „Wie im Fall der Grünen kommt auch heute der Widerstand bei näherer Betrachtung aus zwei Richtungen, aus einer radikal freiheitlichen, libertären Richtung wie auch aus einer konservativ-nationalen. Ziel wird es nicht nur sein, die politisch-ökonomische Verfassung dieser Republik grundlegend zu verändern. Hier werden sich vor allem die Libertären mit ihrem Programm für Freiheit und Wohlstand einbringen können. Es wird auch einen Kulturkampf geben müssen in einem Land, in dem die alleinerziehende Lesbe oder der nichtsnutzige Bettler längst zum Ideal erkoren wurden. Hier gilt es, Gegenbilder zu entwerfen von heroischen Unternehmern, von Machern, von Familienvätern. Setzen wir das Leistungsideal der heute dominierenden Beamten- und Schmarotzermentalität entgegen. Die neue Kraft ist vermutlich viel näher am Start, als viele jetzt noch ahnen.“

Soweit meine Hoffnung im Jahr 2003. Und soweit auch das überschäumende Temperament meiner Sturm- und Drangphase. Heute würde ich es etwas gesetzter formulieren und die zum Schluss erwähnte nationale Komponente durch eine christliche ersetzen oder zumindest ergänzen. Es dauerte dann doch bis zum 6. Februar 2013, als die Alternative für Deutschland (AfD) das Licht der Welt erblickte. Ist sie meiner groben Blaupause einer kämpferischen libertär-konservativen Kulturrevolution gefolgt? Konnte die „Gründung von oben“ wie erhofft den internen Richtungskampf minimieren helfen? Viele Fragen stehen gleich am Beginn unseres Falls. Schauen wir uns also den Tathergang genauer an.

II. Tathergang: Alternative Partei

Eine neue Partei

Am 22. September 2013 fand die Wahl zum 18. Deutschen Bundestag statt. Noch zu Beginn desselben Jahres schien es die langweiligste Wahl aller Zeiten zu werden.

Kurz vor dem Wahltag war alles anders. Plötzlich konnte nicht nur eine deutsche Regierung wackeln, sondern das bisherige, lange Zeit felsenfest geglaubte Parteiensystem zusammenbrechen. Die ungewohnte Spannung verdankten die Deutschen einer neuen Partei – der Alternative für Deutschland (AfD).

Sie war eher noch heimlich am 6. Februar gegründet worden, am 3. März ging ihre schnell besonders erfolgreiche Facebook-Seite online, am 14. April fand der eigentliche Gründungsparteitag in Berlin statt. Bereits nach wenigen Wochen hatte die AfD mehr als 15.000 Mitglieder.

Keine Partei seit Bestehen der Bundesrepublik war so schnell gewachsen, hieß es zwei Jahre zuvor mit Blick auf die Piratenpartei – eine lahme Schnecke im Vergleich mit der AfD und ihrem raketengleichen Wachstum. Innerhalb von nicht einmal 100 Tagen hatte die neue Formation den Status „Kleinpartei“ überwunden. Zum Kontrast: Die zu diesem Zeitpunkt größten drei der kleinen Parteien in Deutschland, die Republikaner, die ÖDP und die NPD, bestanden seit Jahrzehnten. Sie hatten jeweils zwischen 5.000 und 6.000 Mitgliedern. Andere Kleinparteien sind oft weniger als 1.000 Mitglieder stark. Bei der Zahl ihrer Anhänger beim größten sozialen Netzwerk Facebook hatte die AfD 100 Tage nach ihrer Gründung CDU, SPD, Linke und die FDP überrundet.

Niemals zuvor war aber auch eine neue Partei medial so gehypt worden wie die AfD in ihrer Startphase. Die Zeitungen und Zeitschriften berichteten fast täglich über die junge Partei. Und einer ihrer drei Sprecher, der scheinbar irgendwie eigentliche Parteichef Professor Bernd Lucke war in kürzester Zeit in mehr oder weniger jeder Talkshow in ARD und ZDF zu Gast gewesen, ohne dass die Partei je an einer Wahl teilgenommen hätte.

Die etablierten Parteien, die im Februar und März 2013 das Phänomen AfD noch weggelächelt hatten, erkannten den Ernst der Lage bereits im April: FDP und Linke rangen plötzlich nicht nur um Wählerstimmen mit der AfD, sondern um ihre Existenz. Was war also zu tun?

Das Mittel gegen neue Konkurrenz ist die Nazikeule. Die wurde sogar gegen die eher linken Piraten eingesetzt und wirkt zuweilen auch präventiv gegen zu große Abweichung vom politischen Mainstream. Natürlich wurde sie gleich auch fleißig gegen die AfD geschwungen, insbesondere von den linken Netzwerken in Tagesschau, „Spiegel" und Wikipedia. Doch mit jedem neuen Bericht und jedem weiteren gehässigen Interview, in dem der Parteiführung etwa die Nähe zu (vermeintlich) „rechten" Positionen oder Medien vorgeworfen wurde, wurde das Scheitern dieser altbewährten Strategie offensichtlicher. Denn anders als andere zuvor entschuldigte sich die AfD-Führung zunächst einmal für nichts. Vielmehr hielt sie offensiv dagegen: Ja, man habe durchaus in der „Jungen Freiheit" geschrieben – und das sei auch gut so, schließlich sei dies eine Wochenzeitung, in der zum Beispiel auch Altbundespräsident Roman Herzog, SPD-Ikone Egon Bahr und viele andere ehrenwerte Leute schrieben. Ja, man werde in einem Internetlexikon als „rechts" diffamiert, aber diese Wikipedia sei ja bekanntermaßen ein „linkes Denunziantenstadl". Ein paar Interviews dieser Art, ein paar böse Artikel, die nach hinten losgingen, dann war der Spuk erst einmal vorbei. Nach Wikipedia oder der „Jungen Freiheit" fragte die AfD vor der Bundestagswahl niemand mehr.

Zuletzt versuchte man es noch mit der Sympathisanten-Keule, hatte man doch eigens NPD-Aussagen gesucht und gefunden, die sich auf die AfD bezogen. Darauf angesprochen konterte Bernd Lucke im Fernsehen, dass sich die Medien schämen sollten, auf diese Weise die NPD hoffähig zu machen. Einmal mehr hatte er den politisch korrekten Gegner mit den eigenen Waffen geschlagen, ein Konzept, das Lucke immer wieder aufgriff und beherrschte, etwa, wenn er sich als soziales Gewissen aufstellte und sich um arbeitslose Jugendliche in Griechenland sorgte, wie überhaupt ja die AfD für das vereinte Europa stritt und Lucke dabei ausdrücklich Genscher und Kohl als Vorbilder hatte.

Was die Nazikeule betrifft, die gegen jeden Abweichler diesseits des Mainstreams gerne geschwungen wird, hatten sie der Professor aus Hamburg und seine Freunde ad absurdum geführt. Insofern schien im Herbst 2013 das Wachstumsphänomen AfD, das in Kürze die lange Zeit so stabile Parteienlandschaft der Republik gehörig durcheinanderwirbeln könnte, Teil einer kulturellen Wende und womöglich auch Vorbote des Niedergangs der langen linken Meinungsführerschaft seit 1968 zu sein.

Probleme unserer Zeit

Was ist, wenn man es auf eine Frage zuspitzen möchte, das größte politische Problem in diesem Land, das es zu lösen gilt? Was bewegt die Menschen, ohne dass es von etablierten Medien oder Politikern bislang wirklich aufgegriffen wird? Oder anders gefragt: Welches Thema würden wir wählen, wenn wir 2013 eine neue Partei hätten gründen wollen?

Vorschlag: das unersättlich wuchernde Krebsgeschwür namens Politik; die Politisierung aller Lebensbereiche; ein Staat, der seit Jahrzehnten permanent über seine Verhältnisse lebt. Oder kurz: zu viel Staat.

Wenn man vor 60 Jahren unseren Großeltern oder auch noch vor 30 Jahren unseren in der alten BRD lebenden Eltern erzählt hätte, dass inklusive aller offenen und versteckten Abgaben Normalverdiener zwei Drittel ihres Einkommens an „Vater Staat" abzuführen haben, dass dieser mit den alljährlich wachsenden Rekordeinnahmen dennoch nie auskommt und die nächste Generation mit nie gekannten Rekordschulden belastet, dass er Mülltrennung und klebriges Dosenpfand bis ins Detail regelt, kleinste Kinder flächendeckend in Kinderverwahranstalten pferchen möchte, nur um auch noch die letzte Frau als werktätige Steuerzahlerin auspressen zu können, dass er dem Kneipenwirt um die Ecke diktiert, ob in seiner Pinte geraucht werden darf, und dem Restaurant daneben, was serviert werden kann, dass dieser Staat sich nicht schämt, als Hehler von geklauten Kontodaten zu agieren, dass er dem vermeintlich selbständigen Hotelier oder Arbeitgeber diktiert, wen der mit welcher Quote einstellen und wen er nicht als Gast abweisen, also „diskriminieren" darf, dass dieser Staat durch planwirtschaftliche Energiepolitik den Strom jedes Jahr noch einmal verteuert und durch planwirtschaftliche Gesundheitspolitik Leistungen verschlechtert und rationiert, dass Anreize zu wenigstens etwas staatlicher Effizienz durch Wettbewerb untereinander immer weiter mittels „Harmonisierung“ unterbunden werden, dass die Propaganda des Staatsfunks zur Verschleierung all dessen von jedermann bezahlt werden muss, ob er sie einschaltet oder nicht, dass die Einwanderungspolitik und der ins Gigantische angewachsene Sozialstaat mit Tausenden von Verordnungen detailliert jede Leistung bestraft und systematisch Müßiggang und Nichtleistung belohnt, dass bei all diesem angeblich „sozialen Tun“ stets mehr als die Hälfte von den fleißigen Umverteilern für sich selbst abgegriffen wird, das Bankgeheimnis im Inland längst abgeschafft wurde und bald weltweit fällt, dass dieser Staat inzwischen wieder Kriege in aller Welt logistisch und finanziell zu führen hilft, deutsche Flieger Serbien bombardiert haben und deutsche Truppen und Panzer am Hindukusch stehen, dass dieses Monster die totale Ausspähung und Überwachung aller Bürger im Internet und darüber hinaus betreibt und das anonyme Bezahlen mit Bargeld in Kürze auch noch abgeschafft haben wird (und dann gnade uns Gott) … all das hätten unsere Großeltern vor 60 und auch noch unsere Eltern vor 30 Jahren nicht für eine Kriminal-, sondern für eine Horrorgeschichte gehalten.

Wer also eine neue Partei gründen wollte, hätte solche Punkte ansprechen und als Aufhänger „weniger Politik wagen“ wählen können.

Themen und Aufhänger in der Startphase

Der zuvor völlig unbekannte Hamburger Ökonom Bernd Lucke hatte im Februar 2013 mit Freunden eine neue Partei gegründet. Ihr Thema: „Wir zahlen mit der falschen Währung.“

Lucke war 33 Jahre lang bis Dezember 2011 CDU-Mitglied gewesen. Er verließ die Partei der Kanzlerin nicht aufgrund des größten Raubzugs in der Geschichte Deutschlands, sondern weil sie ein paar Paragraphen der internationalen Verträge von Maastricht gebrochen hatte.

Lucke wollte zurück zu kleineren Währungsverbünden oder zur D-Mark. Ihm ging es dabei nach eigenem Bekunden vor allem um die Probleme der Südländer, die unter dem Euro nicht mehr einfach abwerten können und deshalb erstens unserer finanziellen Unterstützung durch immer neue Rettungspakete bedürfen und zweitens schmerzhafte Reformen durchführen müssen, weil dort der Staat noch mehr über seine Verhältnisse gelebt hat als hierzulande. Wohlgemerkt wollte Lucke die Südländer von der Last von Einschnitten und Reformen befreien. Er empfahl ihnen den Euro-Austritt und dann die Abwertung der eigenen Währung, also das, was Italien und Griechenland auch früher getan haben: Gelddrucken, Inflation. Ihr verfetteter Staat sollte sich dadurch noch etwas länger über die Zeit retten können. Schulden an sich seien kein Problem, sagte Lucke immer wieder.

Bernd Lucke wollte gerade nicht an den Staatsausgaben sparen. Und die AfD wollte folgerichtig auch weder den Staat beschneiden noch die Steuern senken. Vielmehr beabsichtigte man, Steuersätze europaweit zu „harmonisieren“ und Steueroasen auszutrocknen, also zu Steuerwüsten zu machen. Man tat dem Ökonomen Lucke bereits 2013 nicht sehr unrecht, wenn man ihn mit solchen Rezepten eher als staatsinterventionistischen „Keynesianer“ denn als marktradikalen „Österreicher“ bezeichnete. Eine grundlegende Abkehr vom Papiergeld hin zur Goldwährung oder einem Währungsmarkt lag Lucke immer fern. Das hielt er nach eigener Aussage für „extrem gefährlich“. Vielmehr wollte er gerade das bestehende Geldsystem retten.

Lucke schwärmte von nötigen Wechselkursschwankungen als „Scharnier“. Zur Erinnerung: Goldgedeckte Währungen würden untereinander gerade nicht schwanken. Lucke schwebten auf seinem „ureigenen Feld der Ökonomie“ gerade keine ausgeprägten Marktlösungen vor, sondern das, was der liberale Beststellerautor Roland Baader „Gottspieler“ genannt hat, namentlich also Regierungen, die auf den weisen Rat von Ökonomen hören. Hier ein Stellschräubchen, dort ein Stellschräubchen, fein justiert vom zuständigen Zentralbanker und anderen Ökonomen.

Lucke hatte seine alte Partei CDU verlassen und eine neue gegründet, weil seine Kanzlerin nicht auf den Rat des von ihm gegründeten „Plenums der Ökonomen“ gehört hatte. Dabei gab es schon einmal ein Land unter der Herrschaft von Wirtschaftswissenschaftlern: Nirgends gab es so viele Ökonomen wie in der Sowjetunion.

Noch etwas fällt auf: In den 70ern und 80ern gab es schon einmal in Europa eine Welle von Protest und die Gründungen neuer Parteien. Damals ging die Entwicklung von Skandinavien aus. Mogens Glistrup in Dänemark und Carl I. Hagen in Norwegen gründeten sogenannte Fortschrittsparteien – aus Steuerprotest. Es waren die Bewegungen der „Steuerrebellen“, die tatsächlich den Staat und die Politik um einige Aufgaben beschneiden wollten. Bernd Lucke und die AfD in Deutschland oder scheinbar zufällig zur gleichen Zeit Frank Stronach in Österreich galten nun als „Euro-Rebellen“. Eine böse Vermutung lag nicht ganz fern: Wer vom Euro redet, darf von der Steuer schweigen?

Wer so unkt, schreibt der Gründung der AfD dieselbe Ablenkungsfunktion von den eigentlichen Problemen zu wie der Tagesschau. So weit, so einseitig.

Wer sammelt sich in der AfD?

Man kann die Geschichte der Startphase der Partei auch ganz anders erzählen. Quasi von unten. Dann handelt sie von einer jedes Jahr anwachsenden Schar von Unzufriedenen, von Hunderttausenden von ausgebeuteten Nettosteuerzahlern, von ehemaligen CDU- und FDP-Wählern, die abgeschworen haben, vom alltäglichen Wahnsinn der Politik, von all der Ausbeutung und der zynischen Ablenkung davon in den Nachrichten über die gar schreckliche „Erderwärmung" oder unsere tägliche „rechte Gefahr". Dieses viel beschriebene politische Vakuum, auch gerne „Wutbürgertum" genannt, hatte sich mit jedem Jahr stärker nach einer Alternative gesehnt. Und nun glaubten viele, diese in der Alternative für Deutschland gefunden zu haben.

Weshalb es am Ende relativ egal sein würde, ob und inwiefern Bernd Lucke die eigentlichen Probleme verstanden hat. Als sicher galt nämlich, dass Mitglieder nicht in diese Partei strömten, nur weil Merkel ein Vertragsdetail gebrochen hat oder weil ihnen die Farbe ihres Papiergeldes nicht so gut gefiel.

Einig waren sich Führung und Mitgliedschaft der jungen Partei darin, sämtliche inhaltlichen Auseinandersetzungen und Programmdiskussionen bis nach der Bundestagswahl zurückzuhalten. Insofern war auch die straffe Führung und Organisation von allen Mitgliedern akzeptiert.

Überhaupt war es beachtlich, wie professionell und durchdacht die Partei startete. Das fing mit dem Zeitpunkt der Gründung an. Die Zeit bis zur Wahl war extrem kurz. Endlose Richtungskämpfe und Streitereien um Feinheiten im Programm, die ansonsten nach Parteigründungen üblich sind, konnten mit dem Hinweis unterbunden werden, dass dafür „jetzt" keine Zeit sei. Man müsse sich darauf konzentrieren, die hohen juristischen und organisatorischen Hürden bis zum Wahlantritt zu überspringen, dann sei schon Wahlkampf, und erst nach der Wahl sei Zeit für inhaltliche Diskussionen. Das war plausibel und von allen

Mitgliedern akzeptiert. Insofern war die späte Parteigründung ein Geniestreich.

Ein SPD-Geheimpapier über die AfD sah es damals genauso und sprach im übrigen bewundernd von einem „straff geführten kleinen Machtzirkel um Bernd Lucke, Konrad Adam, Frauke Petry und Alexander Gauland, was die Gefährdung durch chaotische Meinungsvielfalt oder extremistische Abweichungen reduziert“. Diese Führung verfügte, so die SPD, über „ein durchdachtes Kommunikationskonzept und eine ebensolche Politikstrategie“. Deshalb sei „zu befürchten“, dass sich die Partei „erst nach der Bundestagswahl entzaubern könnte“.

Tatsächlich sollte sich nach der Bundestagswahl lange immer noch nicht zeigen, wofür die AfD steht. Die Alternative für Deutschland, so vermutete die SPD in ihrem Geheimpapier, sei eine Art Koalition zweier politischer Leitrichtungen, die von den etablierten Parteien stark vernachlässigt wurden, nämlich ein „Zusammenschluss nationalkonservativer und marktradikaler Kräfte“. Ob die SPD hier richtig lag?

Vergleich mit Grünen und Linken

Die bereits erwähnte zeitgeistige Vorherrschaft der Linken war mit den letzten Änderungen der Parteienlandschaft zweifach zementiert worden. Zunächst durch den Eintritt der Grünen Anfang der 80er ins System, danach mit dem Hinzukommen von SED/PDS/Linken Anfang der 90er Jahre. Damals ergänzten hintereinander zwei linke Parteien das alte Bonner Parteiensystem und zogen so auch die drei Altparteien mit nach links. Mit der AfD aber, so die Befürchtung der einen und die Hoffnung der anderen, könnte eine eher konservativ-liberale, also im Zweifel und im Vergleich „rechte" Partei hinzutreten und andere – aufgrund von immer weniger Platz über der Fünf-Prozent-Hürde – womöglich auch hinauswerfen.

Vorbilder für entsprechende Umwälzungen in der Parteienlandschaft gab es überall in Europa. Deutschland war lange Zeit die diesbezüglich seltsam unberührte Insel.

Politisch integrierten die Grünen einst die außerparlamentarisch entstandene Ökobewegung sowie die erfolglosen K-Gruppen in den Parlamentarismus. Dazu kamen Esoteriker, Feministen und ähnliche bisherige Randgruppen der Gesellschaft, die nach mehr politischem Einfluss strebten. Die Linken integrierten später die alte DDR- und SED-Nomenklatur sowie Abtrünnige und Enttäuschte von SPD und Grünen, die sich unter anderem um Oskar Lafontaine in der Wahlalternative WASG gesammelt hatten.

Soziologisch trafen sich bei den Grünen die Heerscharen von Studenten der Geisteswissenschaften, für die staatliche und staatsnahe Jobs erst geschaffen werden mussten. Bei den Linken waren es die ältere Generation der DDR, die „im Westen nicht mehr ankam", sowie unzufriedene Gewerkschafter, Beamte, Arbeitslose und Sozialhilfeempfänger. Kurz: Die Grünen vertraten die zukünftige obere Mittel- und Oberschicht der Nettostaatsprofiteure, für die sie die Jobs erst einrichteten, die Linken kümmerten sich wohlwollend um die untere Mittel- und Unterschicht der Nettostaatsprofiteure, um sie möglichst vor sozialem Abstieg zu bewahren.

Und die AfD? Wer sammelte sich dort? Waren es wie einst bei den Grünen größere außerparlamentarische Gegenbewegungen? Tatsächlich waren diese nur in Ansätzen vorhanden. Es gab diffusen bürgerlichen Protest, doch waren solche Pflänzchen organisatorisch nicht sehr stark gewachsen. Eine komplette Subkultur, wie sie einst in linken Buchläden, Frauenhäusern oder einer Vielzahl alternativer Zeitungsprojekte zu beobachten war, war 2013 noch kaum vorhanden.

Bestanden auf der anderen Seite Kleinparteien wie einst die K-Gruppen, die teilweise geschlossen zu den Grünen übertraten? Es gab und gibt sie tatsächlich im konservativ-liberalen Spektrum, christliche Kleinparteien wie PBC, Zentrum oder AUF-Partei, populistisch-islamkritische Parteien wie die Freiheit oder die Pro-Gruppen, konservative Parteien wie die Republikaner oder Bürger in Wut, bürgerliche Ökologen in der ÖDP, Liberale und Libertäre in der Partei der Vernunft. Tatsächlich aber traten beim Start der AfD nur wenige Anhänger dieser „neuen K-Gruppen“ über.

Die AfD-Mitglieder speisten sich zu weit größeren Teilen aus Liberalen und Konservativen, die sich von CDU und FDP nicht mehr vertreten fühlten. Oder die sich in der kleineren AfD bessere Karrierechancen ausrechneten als bisher in CDU und FDP. Die Parteiführer Lucke und Gauland waren selbst jahrzehntelang in der CDU aktiv, andere Spitzenleute kamen aus der FDP. In den sich bildenden regionalen und lokalen Vorständen der AfD kannte man sich zuweilen auch aus dem Lions-Club und vom Rotarier-Treffen. Bezüglich der politischen Struktur war die AfD-Mitgliedschaft 2013 also zu großen Teilen ein Auffangbecken für enttäuschte Etablierte.

Und soziologisch? Die AfD als „Partei der Volkswirte und Juristen“ vertrat eine im bestehenden System eher oben stehende und daher im Zweifel staatsnahe Nomenklatur. Es waren im Zweifel jene, die aufgrund der Euro-Rettungspolitik akut Angst hatten, in diesem Fall Angst vor allem um ihr Geld und ihre Ersparnisse. Insofern sollte die neue Partei sie vor sozialem Abstieg bewahren, ganz so, wie es die Linke auch als ihre Aufgabe für ihre Klientel sieht.

Vielleicht war es daher kein reiner Zufall, dass der Name „Wahlalternative" in Vorläufern der Linken ebenso auftauchte wie bei der AfD, deren Gründung soziologisch und politisch der der Linken mehr ähnelte als jener der Grünen.

Verlief die chronologische Entwicklung diesmal andersherum? Es sah so aus: Die AfD als erste nichtlinke Partei, die das bestehende System erschüttert, sammelte unzufriedene Etablierte, die die Angst vor dem Wohlstandsverlust umtrieb, den die sich verstärkende Krise auch tatsächlich mit sich bringen könnte. Wodurch dann außerparlamentarischer Protest entstehen und weiter wachsen könnte, mit jüngeren Menschen ohne Zukunftsperspektive, die sich wiederum in einer zweiten, soziologisch und politisch anders aufgestellten Phase oder Partei erst sammeln und mit den bestehenden K-Gruppen vereinen könnten. Das vor allem auch deshalb, weil sich die AfD-Führung um Bernd Lucke gegen den Zulauf aus diesen alternativen K-Gruppen zu wehren begann.

Der Stand vor der Bundestagswahl

Die AfD vor der Bundestagswahl wollte den Euro womöglich verlassen, keinesfalls aber die EU. Sie wollte die Subventionierung der alternativen Energie offenlegen, aber nicht zurückfahren, das Steuersystem vereinfachen, nicht die Abgabenlast senken. Das war so wenig marktradikal wie nationalkonservativ. Aber es war im Vergleich zu den anderen womöglich etwas weniger sozialistisch, etwas weniger unverantwortlich, etwas weniger unvernünftig.

Was wäre passiert, wenn die AfD in den Bundestag eingezogen wäre? Wie schnell hätte sie sich weiter angepasst, vor allem da sie zuvor schon weitgehend angepasst war? Lord Acton wusste: Macht korrumpiert, am Ende immer. Und schon am Anfang auch: Der damalige Mitvorsitzende Konrad Adam hatte als Publizist bemerkenswert unangepasst geschrieben. Er dachte einst in der Tageszeitung „Die Welt" laut über die Abschaffung des Wahlrechts für Nettostaatsprofiteure nach. Eine kluge Idee, die unter anderem Friedrich August von Hayek entwickelt hatte. Nun aber war Adam Politiker und wollte von diesen Zeilen nichts mehr wissen. Das kleine Beispiel sagt viel aus über den politischen Weg und das politische Mittel, von dem der Soziologe und Nationalökonom Franz Oppenheimer gerne sprach. Im Unterschied zum ökonomischen Mittel, das zu bevorzugen sei.

In der Schweizer „Weltwoche" wurde 2013 der peruanische Schriftsteller Mario Vargas Llosa interviewt, der 1987 für drei Jahre in die Politik gegangen war und als Präsidentschaftskandidat für freie Marktwirtschaft und einen radikalen Liberalismus warb. Der führende Intellektuelle Lateinamerikas hielt „unterbewusst die Politik für ein erregendes Abenteuer" und musste lernen, dass „ich als Politiker völlig untauglich bin". Denn: „Sie können die hehrsten Ideen haben, aber sobald es an deren Verwirklichung geht, sind Sie Intrigen, Verschwörungen, Paranoia, Verrat und Abgründen an Schmutz und Niedertracht ausgesetzt. Wenn ich eins über den Morbus der Politik gelernt habe, dann dies: Der Kampf um die Macht lockt die Bestie in uns hervor. Was den Berufspolitiker wirklich erregt und antreibt, ist das maßlose Verlangen nach Macht. Wer diese Obsession nicht hat, wird der kleinlichen und trivialen Praxis der Politik angeekelt den Rücken zukehren."

Bisherige Professoren, Juristen, Unternehmer und Journalisten, die sich in der Alternative für Deutschland auf den Weg in die Parlamente machten, hätten diese Worte wägen und entscheiden müssen, ob sie wirklich für das große „Abenteuer" geeignet waren. Gute Absichten würden nicht reichen, den Ekel zu unterdrücken, so er sich denn regte. Oder anders gesagt: Sie hätten sich die Gesichter von Merkel, von der Leyen, Gabriel, Roth, Özdemir, Gauck und Co gut anschauen sollen. Nur wer sie morgens im Spiegel ertragen kann, würde den Charaktertest bestanden haben.

Man kann so gesehen die Gründung der AfD als gefährlichen politischen Irrweg betrachten. Andererseits: Wer das politische Mittel als Akt der Notwehr versteht – und auch dafür gibt es gute Argumente –, der konnte die AfD von Beginn an wählen und gegebenenfalls als Mitglied auch aktiv helfen, das kleinere Übel in ein noch etwas kleineres zu verwandeln.

Plan A war gescheitert

Der 22. September 2013 sollte der Tag seines Triumphes werden. Bernd Lucke war angetreten, das Unmögliche möglich zu machen und eine Partei im achten Monat ihres Bestehens in den Bundestag zu führen. Vergleichbares war in Deutschland niemandem gelungen.

Ihm trauten sie es alle zu, die Anhänger und Mitglieder der neuen Partei. Er war ihr „Lucky Lucke“, kurz: „der Chef“. Dabei war er formal nur einer von drei gleichberechtigten Vorsitzenden der erst im Februar gegründeten Alternative für Deutschland (AfD). Doch die hieß bei vielen nur noch „Lucke-Partei“. Alles, was zählte, war „Chefsache“. Große Wahlveranstaltungen waren ohne Lucke nicht vorstellbar. Und nahezu jeden der erstaunlich zahlreichen Fernsehauftritte für die immer noch nicht im Bundestag vertretene Partei erledigte er ohnehin selbst. Nur er.

An Selbstvertrauen mangelte es dem Volkswagen-Stipendiaten, Summa-cum-laude-Promovierten und Weltbank-Berater nicht. Und jetzt schon gar nicht mehr, nachdem ihm auf zahlreichen Marktplätzen der Republik immer wieder Tausende hoffnungsvoll und geradezu ergeben zujubelten. So etwas geht an niemandem spurlos vorbei. Manchen verändert es.

Wer Bernd Lucke nach einer der unzähligen Wahlkampfveranstaltungen aus der Nähe erlebte, lernte einen auch in größter Erschöpfung immer noch höchst selbstbeherrschten Mann kennen, der um seine Wirkung beim Publikum wusste, das ihn als Mischung aus ehrwürdigem, kenntnisreichen Professor und spitzbübischem, kessen Schuljungen wahrnahm. Und genau diese Mischung aus scheinbar Gegensätzlichem machte ihn so unschlagbar – auch und gerade in den Fernsehdiskussionen.

Es fehlten am Ende nur 0,3 Prozentpunkte, und Lucke wäre Fraktionschef einer jungen, aufstrebenden Partei im Bundestag geworden. Niemand hätte ihn dann mehr gestoppt. Schon gar niemand aus den eigenen Reihen. Er war das Aushängeschild der Partei und Liebling fast aller Mitglieder – sein Wort war Parteigesetz.

Lucke war der AfD, was Angela Merkel für die CDU. Auch sie eine nach Macht strebende Person, die niemanden neben sich duldet. Und Lucke? Wer hätte überhaupt neben ihn treten können? Beatrix von Storch, die im Vorfeld der Gründung eine entscheidende Rolle spielte und dann bei der Auftaktveranstaltung in Oberursel im März erkennbar uneingeweiht vor vollendete Tatsachen gestellt und bei Aufstellung der Kandidaten anschließend beinahe „vergessen" wurde? Hubert Aiwanger, der Chef der Freien Wähler, mit denen zunächst das Bündnis gesucht wurde, wobei der bodenständige bayerische Landwirt persönlich nie mit dem kosmopolitischen norddeutschen Manager zusammenfand? Hans-Olaf Henkel, der die AfD vielfältig unterstützte, dabei aber erst einmal nur am Rande geduldet wurde? Oder Konrad Adam, der als Sprecher beziehungsweise Vorsitzender nominell recht eigentlich neben Lucke saß? Tatsächlich war von Adam, der als kantig-konservativer Publizist anders als der auf Ökonomie konzentrierte Lucke positioniert war, fast nichts in der Öffentlichkeit zu hören. Eher schon von der dritten Vorsitzenden im Bunde, Frauke Petry, die damals parteiintern als Lucke treu ergeben galt – und gerade deshalb wohl die eigentliche Nummer zwei in der Partei war.

Sein unverkennbares Machtstreben war Luckes Stärke, nicht etwa eine Schwäche. Wer in der Politik Erfolg haben will, muss solche Charaktereigenschaften eines „Alphatiers" haben.

Der ideale Terminkalender

Anders als für die FDP waren die nun kommenden drei Landtagswahlen in Sachsen, Thüringen und Brandenburg sowie die Europawahl wie zugeschnitten auf die AfD. In den neuen Bundesländern schnitt sie schon bei der Bundestagswahl besonders stark ab und landete deutlich über fünf Prozent. Die Parteienbindung im Osten ist schwächer und der Mut zu Experimenten größer. Dazu kam, dass es im Osten noch so etwas wie ein nationales Selbstverständnis gibt. Und gerade die Europawahl sollte als Drehbuch wie gemacht für die „Anti-Euro-Partei“ sein, wenn sie sich jetzt nicht allzu viele Fehler leisten würde.

Das Ergebnis der Alternative für Deutschland bei ihrem ersten Wahlantritt – bundesweit 4,7 Prozent der Zweitstimmen – war eine hervorragende Grundlage, ja eine Sensation. Viele weniger politisch interessierte Menschen haben von der AfD erst am Wahltag zum ersten Mal gehört. Dafür, dass die Partei nur wenige Monate zuvor gegründet wurde, war es ein in Deutschland beispielloses Resultat.

Die Grünen landeten bei ihrem ersten bundesweiten Wahlantritt 1980 bei 1,5 Prozent. Namen wie Rudolf Bahro, Jutta Ditfurth und Eckhard Stratmann, Herbert Gruhl, Edgar Guhde und Baldur Springmann spielten damals bei ihnen eine gewichtige Rolle. Sie alle traten später nach und nach aus oder wurden davongejagt. Die erstgenannten drei gehörten dem frühen radikal-sozialistischen Flügel der Grünen an, das zweite Trio dem konservativen, so etwas gab es damals. Durchgesetzt hat sich in Fraktion und Partei schnell die programmatische Mitte. Die Ränder wurden abgeschliffen, sie störten nur beim „Marsch durch und in die staatlichen Institutionen“, deren eifrigste Verteidigerin heute ausgerechnet jene grüne Partei ist, die einst lautstark antrat, sie zu schleifen.

Macht korrumpiert, am Ende immer. Und Politik ist ein dreckiges „Geschäft“. Vor diesem Hintergrund schien das knappe

Scheitern der AfD an der Fünf-Prozent-Hürde wie ein Glücksfall, verhinderte es doch allzu schnelle Verkrustungen, noch bevor die Partei überhaupt ein richtiges Programm hatte, ja bevor sie sich halbwegs im politischen Spektrum positioniert hatte. Gut also, dass die Personalstrukturen nun nicht gleich mit allzu viel Staatskitt verklebt würden. Wäre die AfD beim ersten Antritt in den Bundestag eingezogen, wären die Aalglatten in der neuen Fraktion in der Überzahl gewesen. Also jene vor allem, die noch bis kurz zuvor in CDU und FDP aktiv waren und die denselben Koalitionsvertrag 2009 bejubelten, für den die FDP am Wahltag so bitter abgestraft wurde.

Der Autor dieser Zeilen bemerkte unmittelbar nach der Bundestagswahl erstmalig in der Zeitschrift *eigentümlich frei*, dass der Richtungs- und Machtkampf, den die junge und in weiten Teilen noch programmlose Partei nun ohne Fraktionsapparat ausfechten musste, weniger zwischen „rechts und links" oder zwischen „konservativ und liberal" stattfinden würden, „als zwischen den Altetablierten und Gemäßigten aus Union und FDP auf der einen sowie den eher Eckigen und Kantigen, die aus Protest von den erzliberalen und rechtskonservativen Rändern und Nischen dazustießen, auf der anderen Seite".

Denn wie damals bei den frühen Grünen waren auch solche Eckigen und Kantigen in der AfD dabei. An der Parteibasis stellten sie, die Idealisten, nicht die Karrieristen, vermutlich die Mehrheit. Die Alternative für Deutschland war in ihrer Startphase seltsam glatt von oben nach unten durchorganisiert, viele Listenaufstellungen zur Bundestagswahl fanden unter Bedingungen statt, die von nahestehenden Kommentatoren als „Nacht- und Nebelaktionen" bezeichnet wurden.

Jetzt sollte die Parteibasis bei der Ausgestaltung der Inhalte weit stärker mit von der Partie sein, als das gegenüber einer neuen Bundestagsfraktion mit ihrem Apparat als Wasserkopf noch möglich gewesen wäre. Mehr auch, als mancher Listenführer insgeheim geplant haben mag, wenn er vollmundig von „Basisdemokratie" sprach. Nun würde diese Basis tatsächlich mitreden, wenn es darum ging, die passenden Inhalte zu finden. Wenn also all die Diskussionen geführt werden würden, die vor der Wahl mit Hinweis auf den Wahltermin noch notdürftig unterbunden werden konnten. Eine zunächst weiter außerparlamentarische AfD kann im Zweifel mutigere Inhalte wählen, als es eine sich schnell etablierende Partei noch vermocht hätte.

Erinnern wir dazu noch einmal an die Grünen in ihrer Startphase. Auch bei ihnen dominierten die Idealisten lange die Basis. Die oben bärtigen und unten sandalierten Müslimäns und die in der Mitte einpulloverten Strickliesels in den Ortsverbänden konnten dem abhebenden Raumschiff ihrer Parteiführung in Bonn und später Berlin allerdings nur noch hinterherwinken, um selbst nach und nach zu verschwinden und sogar im Stadtrat dem beamteten Karrieristen von nebenan Platz zu machen. Lange noch palaverten sie von Basisdemokratie und Pazifismus, als Joschka und Konsorten in zentraler Position bereits die Kriegseinsätze planten.

Und die AfD? Viele Aussagen standen noch im Widerspruch zueinander. Die Entwicklung blieb spannend und kaum vorhersehbar. Eine Klärung und vor allem Schärfung der Konturen in vielen Bereichen war auf Dauer nicht mehr vermeidbar. Nicht nur die Währung war in Europa ein Irrweg. Hier hätte sich die Partei von der schmalen Euro-Kritik vorwagen können hin zu einer umfassenden Brüssel- und EU-Kritik. Vor allem hätte die AfD erkennen und sich auf die Fahnen schreiben können, was viele Bürger längst wussten, dass nämlich die überbordende und in alle Lebensbereiche hineindrängende Krake Staat zu bändigen ist, dass die Politik in ihrem Drängen nach Allmacht zu beschneiden ist. „Weniger Politik wagen" und „Privat vor Staat" lauteten die entsprechenden Losungen. War das die Zukunft der AfD?

Es hätte auch sein können, dass sie sich als im Kern zutiefst staatsgläubige Partei entpuppen würde. Viele drängten nach weiterer Zentralisierung im Bildungsbereich oder stänkerten gegen Steuerwettbewerb und Steueroasen. Die Partei würde sich irgendwann entscheiden müssen.

Dabei würden pointiert konservative und liberale Positionen durchaus zusammenpassen. Lebensschutz schließt konsequente

Marktwirtschaft schließt Religion schließt Achtung der Traditionen schließt Familienbindung schließt Respektierung von Eigentum und Freiheit und schließt vor allem den gesunden Menschenverstand nicht aus. Ein Vorbild, das dies alles vereint, war die stets angriffslustige und dabei äußerst erfolgreiche UKIP in Großbritannien. Die andere Option war die, in der sich die Lauen und Aalglatten durchsetzen, die am liebsten jede Positionierung vermeiden wollen.

Was macht Bernd Lucke?

Entscheidend sollte bei den anstehenden Richtungskämpfen die Stimme Bernd Luckes sein. Meist hielt er sich vornehm zurück, doch zwei seiner Entscheidungen, eine kurz vor und eine kurz nach der Wahl, deuteten früh an, wohin er die Partei zu führen gedachte.

Kurz vor dem 22. September nämlich trat der Theologe Karl-Heinz Kuhlmann aus der AfD aus, nachdem diese ihn in Bohmte bei Osnabrück zu einem Vortrag über „Rechtsstaatlichkeit und Demokratie" eingeladen hatte und unmittelbar vor der Veranstaltung wieder auslud. Der Grund seitens der AfD: Kuhlmann werde im Internet als „Rechtsextremist" geführt, habe dies aber bei seinem Eintritt in die Partei „hinterlistig verschwiegen". Das Verrückte: Die einschlägigen linksextremen Seiten im Internet, die das über Kuhlmann behaupteten, bezeichneten auch die AfD als „rechtsextrem". Man saß einer gängigen Diffamierung auf, die gegen die Partei selbst eingesetzt wurde. Kuhlmann, ein Professor für evangelische Theologie, der zu dieser Zeit in San Francisco Doktoranden der Olivet University betreute, wurde nicht einmal angehört.

In der Partei sprachen Kenner davon, dass Lucke selbst der Urheber dieses Affronts war. Dazu passte das zweite Beispiel, diesmal kurz nach der Wahl. Da nämlich erklärte René Stadtkewitz, ehemaliger CDU-Landtagsabgeordneter aus Berlin und dann Gründer und Vorsitzender der Partei Die Freiheit, seine zunächst liberalkonservative, später eher islamfeindliche Splitterpartei werde zukünftig alle bundes- und landespolitischen Aktivitäten zugunsten der Alternative für Deutschland einstellen. Nachdem erste Medien darüber berichteten, ließ Lucke eine Pressemitteilung und kurz darauf eine Erklärung verbreiten, nach der nun ein Aufnahmestopp für ehemalige Mitglieder „aller Kleinparteien mit Ausnahme der FDP" verhängt worden sei. „Lediglich in gut begründeten Ausnahmesituationen, etwa wenn die Mitgliedschaft schon längere Zeit zurückliegt“, sollte eine Aufnahme künftig überhaupt noch möglich sein. Aber: „Die Regel ist jetzt, dass nicht aufgenommen wird“, so Lucke. „Selbst im Ausnahmefall sind die Hürden erhöht worden, weil das Einzelgespräch protokolliert und die Aufnahme vom Landesvorstand bestätigt werden muss.“ Ob auch ein Abstammungsnachweis beizufügen war?

In der Pressemitteilung der AfD hieß es, dass dafür nicht etwa der Bundesvorstand verantwortlich zeichnet, sondern einzig: „Bernd Lucke, Bundessprecher der Partei, griff zu dieser Maßnahme.“ Nachdem Gegenstimmen lauter wurden, legte Lucke mit einer persönlichen Erklärung nach, in der er noch einmal klarstellte, „dass die heutige Pressemitteilung von mir persönlich verfasst wurde“. Im übrigen wende sich die AfD nicht an die „politischen Ränder oder den Bereich sektiererischer Parteien“, sondern „vielmehr an die Wähler von CDU, CSU, SPD, Grünen, Linken, FDP und an die enttäuschten Nichtwähler“. Lucke wollte damit die Glatten und Altetablierten gegenüber den Eckigen und Kantigen absichern.

Nach diesem Alleingang hörten die Welt und die Partei zum ersten Mal von der formal gleichberechtigten Parteisprecherin Frauke Petry. Und was sie sagte, war bemerkenswert, denn sie wies Lucke in die Schranken: „Ein pauschaler Aufnahmestopp kann nicht ohne parteiinterne Diskussion verhängt werden.“ Luckes Beschluss sei im Bundesvorstand nicht abgesprochen gewesen. Er habe auch nicht die Befugnis, unteren Parteigliederungen Vorgaben zu machen. Auch Alexander Gauland pflichtete Petry bei – als einer der der drei stellvertretenden Parteivorsitzenden. Schlugen sich hier erstmals Teile der Führung auf die Seite der Basis?

Ein Vergleich: Die Grünen wuchsen einst aus ihrem eigenen Milieu, aus kommunistischen Kleinparteien, der Öko-, Frauen- und Friedensbewegung heran und heraus. Die AfD, wie Lucke sie nun offenbar für die Zukunft aufzustellen gedachte, war eher Fleisch vom Fleische der Etablierten. Man wollte und sollte unter seinesgleichen bleiben. Von Beginn an haftete der AfD der

Geruch einer stramm durchgezogenen Gründung von oben nach unten an. Jetzt, in den Wochen nach der Bundestagswahl, wurde das immer sichtbarer.

Die Parteibasis wurde derweil zunächst mit jenen gefüllt, die oft seit viel längerer Zeit und in größerem Maße unzufrieden waren. Kaum bekannt ist, dass Hunderttausende politisch besonders interessierte Bürger in den letzten Jahrzehnten die vielen Dutzend Kleinparteien durchliefen, die sich oft mit Sonderanliegen ständig irgendwo neu gründen, abspalten oder auch in unterschiedlicher Besetzung und quasi als ständiger Durchlauferhitzer lange bestehen. Darunter Parteien wie etwa die ÖDP, gebildet aus bürgerlichen Umwelt-Idealisten, die sich glaubwürdiger und vehementer zu Grundgesetz und Demokratie bekennen als etablierte Politiker das in ihrem selbstbezogenen Machtstreben noch könnten. Solche ehemaligen ÖDP-Mitglieder beispielsweise sollten sich jetzt wie Aussätzige einer an die alte Gesinnungsprüfung für Zivildienstleistende erinnernden Farce unterziehen, die nach Weisung vom „Chef" zudem stasigerecht protokolliert werden musste, während jedes windschnittige Ex-Mitglied aus CDU, FDP oder der Linken vom selben Lucke ohne diese Schikanen aufs Herzlichste willkommen geheißen wurde.

Wer zu solchen harschen Mitteln greift, muss für die anstehenden Richtungs- und Personaldiskussionen manche Überraschung gefürchtet haben. Und das womöglich und insgeheim schon etwas länger. Kaum aufgefallen war, dass beim großen Gründungsparteitag in Berlin neben dem schmalen Programm auch eine vom Vorstand eingereichte Satzungsänderung durchgewunken wurde, die einzigartig in der deutschen Parteienlandschaft war. Woanders nämlich können nur einzelne Mitglieder bei „Verstoß gegen die Grundsätze der Partei" gemaßregelt oder nach strengsten Kriterien auch ausgeschlossen werden. In der AfD konnten bereits seit April 2013 solche Säuberungsmaßnahmen mit Paragraph 8 Punkt 6 der Bundessatzung ganze Landesverbände treffen: „Verstößt ein Gebietsverband schwerwiegend gegen die Grundsätze, sind folgende Ordnungsmaßnahmen gegen nachgeordnete Gebietsverbände möglich: Auflösung,

Ausschluss oder Amtsenthebung des Vorstandes nachgeordneter Gebietsverbände. Als schwerwiegender Verstoß gegen die Grundsätze ist es zu werten, wenn die Gebietsverbände Beschlüsse übergeordneter Parteiorgane nicht durchführen oder in wesentlichen Fragen gegen die politische Zielsetzung der Partei handeln."

Tatsache war: Seit dem Ausgang der Bundestagswahl tuschelten Parteimitglieder, welchen Landesvorstand es treffen könnte, wenn der sich zum Beispiel etwas anders als die Bundespartei positionieren würde. „Lucke wird hart durchgreifen", hofften schnell manche und fürchteten andere.

Bernd Lucke musste sich ähnlich wie Christian Lindner in der FDP nun langsam entscheiden, ob er weiter Partei in der Partei sein wollte oder ob er in Zukunft nicht besser eine moderierende Rolle zwischen den Flügeln einnehmen sollte. Und das hieße im Falle der AfD eine ausgleichende Funktion zwischen den Protestorientierten aus den Nischen auf der einen und den Alt-Etablierten und Gemäßigten auf der anderen Seite.

Parteitag in Aschaffenburg – Zwischenspiel in Eintracht

Frankenstolz-Arena, 25. Januar 2014. Erstmals seit der Bundestagswahl kam die AfD anlässlich der Nominierung ihrer Kandidaten zur Europawahl bundesweit zusammen. Die Stimmung war großartig. Obwohl man viel vorhatte an diesem Tag, sprach Bernd Lucke fast eine Stunde und schwor die dankbaren Mitglieder auf den kommenden Wahlkampf ein. Es kam an, wie Lucke die „noch streng geheimen“ Wahlslogans der anderen Parteien präsentierte, die FDP etwa mit: „Noch mehr Europa. Noch mehr Schulden.“ Und die SPD mit einem entschiedenen: „Das WIR entscheidet. Das DU bezahlt.“

Auch der neue „zweite Mann“ Hans-Olaf Henkel, der sich ebenso souverän dem Parteivolk präsentierte wie zuvor in unzähligen Talkshows dem deutschen Fernsehzuschauer, wurde ausgiebig gefeiert. Die Basis spürte: Mit diesem Duo an der Spitze lässt man die FDP weit hinter sich. Die nämlich hatte eine Woche zuvor entgegen allen ethischen und taktischen Bedenken anscheinend formvollendet Sterbehilfe am eigenen Parteikörper geleistet. Wir erinnern uns an die nun abtretende FDP-Fraktion im EU-Parlament: Westerwelles einstige Spitzenkandidatin Silvana Koch-Mehrin hatte nicht nur für den „Stern“ das Blüschen fallen lassen, sondern gleich bar jeder erkennbaren Inhalte Politik betrieben, bis sie schließlich auch akademisch hüllenlos dastand, als sich ihre Doktorarbeit als Fake herausstellte. Ihr parlamentarischer Mitstreiter Alexander Alvaro scheiterte als Graf Koks auf der Autobahn. Und Kollege Jorgo Chatzimarkakis trat zukünftig lieber für eine griechische Linkspartei an. Wenigstens ein Abgeordneter aber machte doch gute Miene zum bösen Spiel in Brüssel und kämpfte einsam in der gelben Chaostruppe gegen Glühbirnenverbote und Euro-Rettungen: Holger Krahmer wurde dafür abgestraft. Stattdessen wählte man

Alexander Graf Lambsdorff zum Listenführer, jene bescheidene Karikatur seines Onkels, dem EU-Zentralisierung und Schuldenunion gar nicht weit genug gehen können. Die FDP würde sich zur EU-Wahl im Mai also mit einem entschieden inhalts-, charakter- und namenlosen letzten Aufgebot zur Wahl stellen.

Wie anders die Alternative für Deutschland: Das wortgewaltige Tandem an der Spitze, AfD-Superstar Bernd Lucke auf Listenplatz eins und Hans-Olaf Henkel auf Platz zwei, beide schienen auch ausgewogen verschiedene Flügel zu repräsentieren. Lucke gab sich zu der Zeit als Konservativer, Henkel war ausgewiesener Liberaler. Auch der Rest der Liste konnte sich sehen lassen: Da stand der prominente Euro-Kritiker der ersten Stunde Joachim Starbatty als ausgewiesener Liberaler und exzellenter Redner auf Platz fünf, die Aktivistin Beatrix von Storch mit libertär-christlich-konservativem Profil auf Platz vier. Der Baden-Württemberger Bernd Kölmel dazu an drei als Fachmann fürs Organisatorische. Und schließlich Ulrike Trebesius an sechs, die in einer emotionalen Rede an ihre Jugend in der DDR erinnerte und entsprechende totalitäre Tendenzen wieder erkannte: Wehret den Anfängen!

Hatte die Presse nicht in den Wochen zuvor heftige Flügelkämpfe und personelle Querelen in vielen Landesverbänden ausgemacht? Kaum etwas davon war in Aschaffenburg zu spüren. Allen schien hier klar zu sein, dass die AfD von Beginn an ein Koalitionsprojekt war, das nur als solches Erfolg haben kann. Liberale und Konservative, Christen und Libertäre, Patrioten, Antifeministen, Klimaskeptiker und andere taten sich in dieser Partei zusammen, um gemeinsam in die Parlamente einzuziehen.

Ohnehin war die Scheidung zwischen „konservativ" und „liberal", die zuweilen in der Presse ausgemacht wurde, nur eine Hilfskrücke bei der Beschreibung verschiedener Gewichtungen. Denn fast alle eher Wirtschaftsliberalen in der Partei schienen gleichzeitig auch mehr oder weniger kulturkonservativ gestimmt – und umgekehrt.

Noch etwas wurde in Aschaffenburg deutlich: Mehr als politisch unterschied sich die neue Partei personell von den Altparteien. Hier traten eben noch keine ewigen Berufspolitiker an, die sonst nichts im Leben gelernt und gemacht haben, hier haben die Kandidaten im Berufsleben Können bewiesen. Und – was für ein Unterschied vor allem zu den Grünen – die allermeisten haben Familie und oft überdurchschnittlich viele Kinder.

Luckes neuer Plan und der heimliche Held aus England

Und Bernd Lucke? Der damals unumstrittene eigentliche Parteichef musste nach der für ihn großen Enttäuschung am Abend der Bundestagswahl nicht zuletzt für sich selbst die Zukunft umplanen. Vier Jahre lang bis zur nächsten Bundestagswahl konnte und wollte er sich nicht von seiner Universität beurlauben lassen. Und so würde er nun einen Seitenweg über Straßburg und Brüssel nach Berlin nehmen – als nunmehriger Spitzenkandidat seiner Partei zur Europawahl. Für den Steuerzahler änderte sich dabei wenig: Statt dem Hamburger Universitätsprofessor Lucke zahlt er zukünftig das Gehalt dem Straßburger Europaabgeordneten gleichen Antlitzes.

Der heimliche Held der Parteibasis war da schon ein anderer: Nigel Farage, Vorsitzender der britischen UKIP und glamouröser Oppositionsführer im Europaparlament. Mit ihm, so hofften nun viele in der Partei, würde man sich in Europa zusammentun. Bernd Lucke aber legte sich nun fest, nein, mit Farage und der UKIP nicht. Viel näher, so Lucke bereits in Aschaffenburg, stehe die AfD „den britischen Konservativen und der Labour Party". Sachkundige AfD-Mitglieder wollten ihren Ohren kaum trauen. Die Konservativen? Werden die nicht seit Jahren schon in England von der UKIP vor sich hergetrieben? Und schlimmer noch: die Labour-Sozialisten? Jene Partei also, die in vielen Fragen stramm links von der deutschen SPD steht? Die wie kaum eine andere Partei in Europa die traditionelle angelsächsische Meinungsfreiheit durch Vorgaben der Political Correctness ersetzt? Die die Masseneinwanderung mutwillig und mit Blick auf zusätzliche Wählerstimmen immer weiter vorantreibt? Die dafür verantwortlich ist, wenn im britischen Fernsehen nicht mehr vom Weihnachtsfest gesprochen wird, weil das andere Religionen „diskriminieren" könnte? Ausgerechnet diese Linksaußentruppe sollte der AfD näherstehen als Europas prominentester EU-Kritiker?

Aber wenn man Teil des Establishments sein möchte, ist eine solche Sicht nur konsequent. Labour und die Konservativen teilen in Großbritannien die politische Klasse weitgehend unter sich auf. Die UKIP dagegen gilt als Störenfried und „Underdog". Umgekehrt lassen Farage und seine Leute keine Gelegenheit aus, das „verkommene und korrupte" politmediale Establishment ihres Landes zu verspotten. Der Hass beruht durchaus auf Gegenseitigkeit.

Bernd Lucke sind solche Gefühle von Hause aus fremd. Und das nicht nur, weil er ein tiefgläubiger Christ ist. Lucke ist ein rationaler Mensch. Auch gegen eine enge Zusammenarbeit mit Farage hat er am Ende noch ein gutes Argument gefunden: Die UKIP wolle mit Großbritannien aus der EU austreten, und genau dies sei nicht im deutschen Interesse. Was unter der Prämisse stimmt, dass Deutschland selbst unbedingt in dieser EU verbleiben muss und sollte.

Lucke wurde dann auch gefragt, was er denn vom Konzept konkurrierender privater Währungen halte, die FDP-Rebell Frank Schäffler anstrebe. Der AfD-Chef antwortete, er sei dagegen, weil der einfache Bürger mit der Auswahl einer guten Währung überfordert sei. Das erinnerte den Autor dieses Buchs an seine erste Reise durch die DDR 1989 kurz nach der Maueröffnung. Da traf er unter anderem auch einen überzeugten Anhänger des gerade untergehenden Systems, einen älteren SED-Genossen. Der beschwerte sich über die vielen neuen Westwaren in den HO- und Konsum-Läden. Speziell war er geradezu erbost über „ein Dutzend Zahnpastasorten", bei dem ihm die Auswahl nicht recht gelingen mochte: „Eine Sorte Zahnpasta hat mir jahrzehntelang sehr gut ausgereicht. Diese kapitalistische Auswahl ist chaotisch und überflüssig und überfordert hier die Menschen."

Zurück zu Deutschland in der EU: Anders als manche Mitglieder an der Basis und anders wohl auch als der stellvertretende Parteivorsitzende Gauland, der deutlich zu mehr deutscher

Souveränität drängte, wollte Lucke die außenpolitischen Leitplanken des Landes nicht in Frage stellen. Überhaupt neigte er nicht zu Überreaktionen. Nach der Bundestagswahl hatte er sich treiben lassen und Fehler gemacht. Das musste ihm jetzt, in Aschaffenburg, klar geworden sein.

Warum nur hatte er den Deckel auf die Partei gehalten? Statt schnell über die Dinge zu reden, wartete man mit dem anstehenden Nominierungsparteitag für Straßburg bis zum letzten rechtlich zulässigen Moment, kurz vor der Abgabefrist durch den Bundeswahlleiter. Ein Programmparteitag über die eigentlichen Fragen sollte sogar erst danach stattfinden.

Also diskutierte man in den Kreis- und Landesverbänden. Dort ging es drunter und drüber, zuweilen mehr von persönlichen Ehrgeizen und Animositäten getrieben denn von unterschiedlichen politischen Positionen. Aber auch diese spielten eine Rolle. Gegenseitig warfen sich verschiedene Parteiflügel wahlweise Nationalismus, Populismus, Rechtsabweichlertum oder Stasimethoden vor. Unschön. Und wenig erfolgversprechend.

Bernd Lucke zog in Aschaffenburg die Reißleine. Plötzlich galt er gerne auch als konservativ. Erstmals gab er offensiv vor, verschiedene Parteiflügel integrieren zu wollen. Jetzt wollte er die AfD durchaus auch als Protestpartei verstanden wissen. Und hier in der Frankenstolz-Arena antwortet er auch auf die Gretchenfrage – Wie hältst du es mit der UKIP? – differenzierter als zuvor: Er wisse ja, dass in der AfD dieser Nigel Farage sehr beliebt sei. Und in Sachfragen könne man auch durchaus zusammenarbeiten. Im übrigen hätten über internationale Fraktionszusammenschlüsse am Ende die gewählten AfD-Abgeordneten zu entscheiden.

Die Delegierten der Basis wählten eine namhafte bunte Liste, kamen aber nur bis Platz sechs. Die Kandidaten von Listenplatz sieben bis 28 wurden eilig eine Woche später in Berlin bestimmt, Lucke war dort verhindert. Auf diesem Folgeparteitag gelang dem zum Konzept einer Protestpartei neigenden Parteiflügel ein glatter Durchmarsch. Vorneweg Marcus Pretzell auf

Listenplatz sieben, der in Aschaffenburg mitgeteilt hatte, die UKIP zu schätzen und persönlich nicht für eine Zusammenarbeit mit den Konservativen bereitzustehen. Nach der Wahl schloss er sich dennoch der gemeinsamen Fraktion an.

Das Ziel der AfD blieb bis auf weiteres unbestimmt. Will man das Establishment bekämpfen? Oder Teil desselben sein? Ist man für die EU? Oder gegen die EUdSSR? Lucke versuchte es in Aschaffenburg erst einmal mit einem salomonischen Wahlmotto: „Mut zu D-EU-tschland“. Originell mag das gewesen sein. Mutig war an dem Motto nichts, denn jeder durfte es verstehen, wie er wollte. Vorerst.

Die Partei streitet über Russland

„Russland zerreißt die AfD!" – meldeten die Gazetten Mitte August 2014, kurz vor der ersten von drei Landtagswahlen, die in Sachsen stattfand. Und in der Tat: Parteivize Alexander Gauland überlegte laut, seine Spitzenkandidatur zur Landtagswahl in Brandenburg niederzulegen, und warnte in einem Interview „vor der Spaltung der Partei", nachdem öffentlich wurde, dass bereits Mitte Juli 2014 die neuen AfD-Abgeordneten Bernd Lucke, Hans-Olaf Henkel, Joachim Starbatty und Bernd Kölmel im Europaparlament für Sanktionen gegen Russland gestimmt hatten. Lediglich Marcus Pretzell, der auf dem letzten gewonnenen Listenplatz das Ticket nach Straßburg und Brüssel gewann, stimmte dagegen und hielt sich damit an einen Beschluss des Erfurter Bundesparteitags, bei dem die AfD mit überwältigender Mehrheit Sanktionen gegen Russland deutlich abgelehnt hatte. Mehr noch, die Parteiresolution achtete das Selbstbestimmungsrecht der Bevölkerung der Krim, während die vier führenden Europaparlamentarier um Parteichef Lucke und Partei-Vize Henkel nun zusammen mit den Abgeordneten von CDU, CSU, SPD, FDP und Grünen die „russische Annexion der Krim" verurteilten. Die beiden Frauen der AfD-Gruppe waren bei der Abstimmung nicht anwesend, ließen aber später verlauten, sie hätten wie Pretzell mit Nein gestimmt.

War es wirklich Russland, das die Partei zu zerreißen drohte? Oder ging es bereits um mehr? Gar „um Krieg oder Frieden"? Kaum, denn ein Krieg beginnt nicht, weil ein paar AfD-Abgeordnete mit der politisch korrekten Mehrheit stimmen. So wenig wie er dadurch verhindert oder beendet würde, dass etwa der französische Front National, die britische UKIP oder die deutsche Linkspartei dagegen votierten, was sie taten. Tatsächlich war die gesamte Abstimmung außenpolitisch unerheblich, die wirklichen Sanktionen wurden von den Staats- und Regierungschefs beschlossen.

Dennoch ging es in der AfD um mehr als um Russland. Die Gräben lagen bereits tiefer. Und damit ist nicht etwa ein zuweilen behaupteter Streit zwischen dem liberalen und konservativen Flügel gemeint. Denn die meisten Mitglieder sahen und sehen sich als Liberale und Konservative zugleich. Schon gar nicht handelte es sich um den Kampf zwischen „Demokraten" und „Rechtsradikalen" in der Partei. Die außenpolitische Frage war vielmehr Teil des seit der Parteigründung nie offen ausgesprochenen Ringens um das Selbstverständnis der jungen Partei und ihrer Mitglieder: Will man (schon) zum Establishment dazugehören? Oder versteht man sich gerade umgekehrt (noch) als Protestpartei „gegen die da oben", so wie es Nigel Farage in Großbritannien zelebriert, wenn er in die Pubs geht und die Wut des Volkes mit Zigarette und Bier in der Hand weiterträgt?

Vieles deutete darauf hin, dass ein großer Teil der Basis eine solche Protestpartei wollte, wohingegen Starbatty, Kölmel und Co schnell zu jenem europäischen Politestablishment aufschließen mochten, das Henkel und Lucke nie wirklich verlassen hatten. Die Parteiführung hatte sich bereits im Juni durchgesetzt, als man sich gegen die Stimmung an der Basis nicht der Fraktion der UKIP anschloss, sondern sich mit deren Gegnern aus dem britischen Politestablishment, den Konservativen, verbündete. Die Zustimmung zur Propaganda der Großkopferten „gegen Russland" war da nur folgerichtig. Lucke und Co haben immer betont, nicht wie die UKIP gegen die EU zu sein, sondern diese wie Martin Schulz nur „verbessern zu wollen".

Die weiteren Gefechtspunkte entlang des Grabens waren voraussehbar, etwa in der „Geldpolitik", der „Klimapolitik", der „Schulpolitik", im „Kampf gegen rechts", in „Gender- und Frauenfragen" und manchem mehr. Kurz: in allen wesentlichen Belangen, in denen die politmediale Herrscherkaste keinen wirklichen Widerspruch duldet. Immer sollte es dabei um den Status quo gehen, der von den einen in der Partei nicht wirklich in Frage gestellt und von den anderen geradezu verachtet wird. Und das ist dann weder eine Frage von „Krieg oder Frieden" noch ein Streit zwischen „links und rechts", sondern einer des Milieus.

Kurz vor den Landtagswahlen in Sachsen, Thüringen und Brandenburg befahl die Bundes-CDU, dass die AfD ihre Hausaufgaben zu machen habe, bevor sie im Bund oder Land als Koalitionspartner in Frage komme. Noch, so Generalsekretär Peter Tauber und anschließend Angela Merkel höchstselbst, sei die AfD „rückständig", habe „alte Familienbilder und unbrauchbare europapolitische Ideen". Vokabeln, die im „Neuen Deutschland" jeder zu deuten weiß, auf den es ankommt.

Bei den Grünen hat es eineinhalb Jahrzehnte gedauert, bis die Ökopax-Partei das Protestmilieu hinter sich ließ beziehungsweise dieses erfolgreich an die Staatströge angeschlossen hatte. War man 1982 gestartet mit der Losung: „Raus aus EU und NATO!", so sind die Nachfahren von Joseph Beuys, Petra Kelly und Rudi Dutschke heute brauch- und austauschbare Apparatschiks mit entschiedener Beamtenmentalität und im übrigen die lautesten NATO- und EU-Jubelperser von allen. Hatten bei der AfD bereits eineinhalb Monate im Europaparlament ausgereicht?

Die Landtagswahlen und die neue Machtverteilung

Bundesweit 7,1 Prozent und der Gewinn von sieben Abgeordnetenmandaten in Straßburg waren es unter Spitzenkandidat Bernd Lucke am 25. Mai gewesen – und das war nur der Beginn der Siegesserie. In Sachsen konnte die Partei unter Spitzenkandidatin Frauke Petry bei der Landtagswahl am 31. August 2014 mit 9,7 Prozent ihren bis dahin größten Erfolg verbuchen. In Dresden gewann sie 14 Abgeordnetenmandate. Zwei Wochen später wurde der Erfolg ausgebaut: Die AfD erreichte unter Spitzenkandidat Björn Höcke in Thüringen 10,6 Prozent und elf Abgeordnete, unter Spitzenkandidat Alexander Gauland in Brandenburg sogar 12,2 Prozentpunkte und ebenfalls elf Abgeordnete.

Laut Wahlanalyse punktete die AfD vor allem bei einer „für die etablierten Parteien verlorenen, unzufriedenen bürgerlichen Mitte“: eine weitgehend selbständige Gruppe von Menschen, oft und gerade Leistungsträger der Gesellschaft, die der Politik abgeschworen hatte, ja, die jeden Politiker für einen Gauner hielt. Und für die nun die Partei Abgeordnetenmandate, Büros, Sekretariate und wissenschaftliche Mitarbeiterpositionen zu verteilen hatte, bezahlt vom Steuerzahler. Würden die Neuparlamentarier die Politik verändern? Oder würde die Politik sie verändern? Ein abtrünniges Milieu würde an die Nadel gesetzt, angefixt mit üppiger Staatsknete und der Aussicht, „Politik jetzt mitzugestalten“, wie es Spitzenkandidatin Frauke Petry freudig ausdrückte.

Doch die Partei hatte sich mit den drei Wahlen in Ostdeutschland auch in ihrer Führungsstruktur verändert. Frauke Petry, Alexander Gauland und Björn Höcke hatten fortan eine Hausmacht, Geld und Logistik im Rücken, so dass sie selbstbewusster dem lange unangefochtenen Bernd Lucke gegenübertreten konnten, der zudem im fernen Brüssel und Straßburg etwas aus dem Blickfeld geriet.

In Brandenburg sorgten nach der Wahl allerdings erst einmal zwei Personalien für Schlagzeilen. Der Kommunikationsberater Stefan Hein war auf Listenplatz 10 ins Parlament gewählt worden und hatte gleich darauf nichts Besseres zu tun, als dem „Spiegel" ein angebliches Vorhaben des Landesvorsitzenden Alexander Gauland zu verraten, wonach dieser einen Vertrauten Pläne habe erarbeiten lassen, über andere Landtagsabgeordnete wegen deren früherer Mitgliedschaft in rechtspopulistischen oder rechtsextremen Parteien oder anderer möglicher Verstrickungen Informationen zu sammeln und sie per anonymer Strafanzeige unter Druck zu setzen, um sie noch vor der Konstituierung des Landtags zum Rücktritt zu bewegen oder innerhalb der Fraktion isolieren zu können. Besonders pikant: Hein war der Sohn von Gaulands Lebensgefährtin. Der Stiefvater bestritt alle Vorwürfe unmittelbar nach Bekanntwerden der „Spiegel"-Geschichte.

Doch der Informant flog auf. Durch wen, ist bis heute ungeklärt. Alleine Stefan Hein bekannte plötzlich, „Falschaussagen" gegenüber dem „Spiegel" verbreitet zu haben. Gleichzeitig verzichtete er auf die Annahme seines Mandats und sagte reumütig, er habe „den Mann, der mir alles beigebracht hat, was ich über Politik weiß, zutiefst enttäuscht".

Womit die zweite Personalie ins Spiel kam: Jan-Ulrich Weiß, Listenplatz 12, rückte nach. Die Freude des Forstwirts mit sieben Kindern währte nicht lange. Dann titelte die „Bild"-Zeitung: „AfD-Politiker hetzt auf Facebook gegen Juden". Weiß, so die „Bild", habe eine „Collage veröffentlicht", die „auf billigste antisemitische Klischees zurückgreift". Dazu komme, dass Weiß – ebenfalls auf Facebook – das NSU-Gerichtsverfahren gegen Beate Zschäpe als „Schauprozess" bezeichnet habe. Donnerwetter.

Unmittelbar nach Bekanntwerden der Vorwürfe reagierte Alexander Gauland. Er forderte von Weiß, dass der auf das Mandat verzichte. Nachdem Weiß ablehnte, kündigte Gauland an, Weiß per sofort aus der noch gar nicht gebildeten Fraktion zu schmeißen und ein Parteiausschlussverfahren gegen ihn einleiten zu wollen. Die „von Weiß verbreitete Karikatur“, so Gauland, habe ihn „an das Nazihetzblatt ‚Der Stürmer‘ erinnert“.

Diese Geschichte stinkt. Denn die Vorwürfe waren konstruiert. In der „Collage“, die fast alle Mainstreammedien empört als „antisemitisch“ beschrieben, ohne sie je zu zeigen oder auch nur zu zitieren, fehlte tatsächlich jedweder Bezug zu Rasse oder Religion. Und Jan-Ulrich Weiß hatte die Collage weder erstellt noch verbreitet. Er hatte sie lediglich als „geliked“ („gemocht“) markiert. Warum? Gegenüber der Zeitschrift *eigentümlich frei* erklärte Weiß: „Die Karikatur war und ist für mich eine Darstellung des Machtanspruchs der globalen Finanzindustrie auf die Existenz der arbeitenden Bevölkerung dieser unserer Welt. Genau dagegen wehre ich mich, und deshalb bin ich mit vielen Gleichgesinnten in der AfD.“ Antisemitismus? Es bedarf, sagte der bekennende Christ Weiß, „großer Kombinationskraft und eines zielgerichteten politischen Willens, aus dieser Collage den Vorwurf des Antisemitismus abzuleiten. Ich habe jedenfalls diese Interpretation in keinem Moment im Kopfe gehabt.“

Und der NSU-“Schauprozess“? Weiß erklärte gegenüber ef: „Ich überlasse es den Menschen im Land, einen treffenden Ausdruck für einen Prozess zu finden, der sich seit Monaten hinzieht und wahrscheinlich noch viele Monate andauern wird, ohne dass die feststellbaren Indizien für oder gegen die Schuld der Angeklagten sich verändern.“ Sein Standpunkt: „Wenn die Angeklagte Zschäpe durch hinreichende Fakten schuldig gesprochen werden kann, sollte sie ihrer Strafe nicht entkommen. Aber wenn dies nicht der Fall ist, dann gilt allmählich zunehmend der Spruch: Der Weg ist das Ziel. Mit anderen Worten: Der Prozess ist das Wichtige und nicht das Urteil. Schande über die deutsche Justiz, die ermordete Mitbürger für einen solchen menschenunwürdigen Zweck instrumentalisiert!“

Darüber kann man streiten. Aber nicht in der AfD, jedenfalls nicht mit Alexander Gauland. Und auch nicht mit dessen Stiefsohn Stefan Hein. Der nämlich machte nach Bekanntwerden der

Monate alten Facebook-Einträge von Jan-Ulrich Weiß – hat die „Bild"-Zeitung eigentlich je die Facebook-Likes von Landtagsabgeordneten anderer Parteien durchsucht und ist die Vergangenheit mancher grünen Ex-Minister mit deutlicher Nähe zum Terrorismus wirklich weniger schlimm als ein Facebook-Like an politisch unkorrekter Stelle? – einen Rückzieher vom Rückzieher. Hein nahm wenige Stunden vor Ablauf der letzten Erklärungsfrist das Landtagsmandat nun doch lieber an, um „Weiß zu verhindern", angeblich ohne jede Rücksprache mit Ziehvater Gauland. Der beteuerte denn auch gleich, „nicht zu tricksen", denn beide seien ja doch irgendwie „gleich schlimm".

Andererseits deutete Gauland an: „Jeder hat eine zweite Chance verdient." Nur für Weiß galt das nicht. Offenbar war es für Gauland dann doch weit weniger verachtenswert, erfundene oder tatsächliche Parteiinterna gegenüber der Mainstreampresse zu verraten, als von dieser fälschlich und böswillig des Antisemitismus geziehen zu werden. Denn Stiefsohn Hein war nun – bis auf weiteres erst einmal: fraktionsloser – Abgeordneter mit auch von Gauland nie in Frage gestelltem sicheren AfD-Parteibuch, während man Weiß das Mandat nahm und die Parteimitgliedschaft durch Ausschluss „unbedingt", so Gauland, „beenden" wollte.

Was blieb, war die alte Vermutung, dass führende Politiker in der AfD sehr bemüht waren, mit den Pressewölfen zu heulen und über jedes Stöckchen zu springen, das man ihnen hinhielt. Bei Alexander Gauland war das auch kaum verwunderlich, war er doch selbst von 1991 bis 2005 Herausgeber und Geschäftsführer der „Märkischen Allgemeinen Zeitung" in Potsdam, die zur „FAZ"-Verlagsgruppe gehört. Darüber hinaus schrieb er eine regelmäßige Kolumne auf der Meinungsseite des „Tagesspiegels". Dabei zählte Brandenburg-Chef Gauland zusammen mit dem NRW-Landesvorsitzenden Marcus Pretzell in diesen Wochen bereits zu den Kritikern von Parteichef Bernd Lucke und dessen establishmentnahem Kurs im EU-Parlament. Geben sie sich viel? Lucke hatte nie einen Hehl daraus gemacht, politisch unkorrekte Parteifreunde, die Eckigen und Kantigen, die Libertären und die Konservativen, die dem Mainstream ein Dorn im Auge sein könnten, zu meiden und möglichst auszuschließen oder besser gar nicht erst in die Partei aufzunehmen. In Baden-Württemberg wurde Heinrich Fiechtner, der sich selbst als „christlich“ und „wirtschaftslibertär“ versteht und von Parteifreunden auch so beschrieben wurde, Anfang Oktober 2014 vom Landesvorsitzenden und Lucke-Freund Bernd Kölmel aus dem Vorstand gemobbt. Und „Rebell“ Pretzell? Auch im Westen nichts Neues: In Duisburg hatten sich ebenfalls Anfang Oktober 2014 zwei Ratsherren der AfD in einer kommunalen Angelegenheit mit Abgeordneten von NPD und PRO NRW abgesprochen.

Dazu muss man wissen, dass überall in der Republik jeden Tag Tausende von Ratsherren fraktionsübergreifende Absprachen mit anderen Parteien treffen. Die politische Klasse hat sich einzig „gegen rechts“ eine Quarantäne ausgedacht. Von dort kommend, sind Eingaben abzulehnen, selbst wenn sie in der Sache richtig sind. Statt das politkorrekte Ablenkungsmanöver der etablierten Parteien als „Alternative für Deutschland“ in Frage zu stellen, führte Landeschef Pretzell seine Partei ordentlich zum Pfötchengeben: Nachdem er gegenüber den Medien ein „Zeichen gesetzt“ hatte, trat der eine Duisburger Ratsherr von seinem Mandat zurück, der andere wurde von Pretzell ultimativ aufgefordert, die Partei zu verlassen. Ähnliche Vorgänge wurden in diesen Tagen aus Mecklenburg-Vorpommern, Sachsen und Hessen gemeldet.

Eine widersprüchliche Phase: Im Herbst 2014 wurden die Konkurrenten von Lucke immer mächtiger. Er selbst war wie gelähmt. Gleichzeitig schien sich seine Position zu verselbständigen, mit der die Eckigen und Kantigen herausgedrängt werden sollten, zumindest also diejenigen mit mehr Ecken und Kanten als die nach vorne drängenden neuen Parteiführer Gauland, Pretzell, Höcke und Petry. Eine Partei ruckelte sich in die Spur, so schien es.

Vom politmedialen Mainstream aus betrachtet war es derweil eine andere Perspektive: Mit wem zusammen wird die SPD in Brandenburg regieren? Mit der CDU oder den Linken? Und wie wird Thüringen aussehen? Schwarz-rot und CDU-geführt? Oder rot-rot-grün und von Linken geführt? So lauteten dort die Fragen. Doch wen interessierte all das? Und vor allem: Welchen Unterschied hätte es gemacht?

In den wesentlichen Fragen sind sich ohnehin alle einig: Im Zweifel immer mehr Politik wagen! Wenden wir uns also wieder der einzig noch spannenden Frage zu, der nach den „Schmuddelkindern der Republik“, wie der „Stern“ die AfD zu dieser Zeit gerne nannte. Schmuddelkinder? „Schmuddelkinder“, so nannten die Linken sich mit Franz Josef Degenhardt einst selbst, bevor sie ihren „langen Marsch“ durch die Institutionen antraten. Damals sangen sie auch Lieder gegen Denunzianten, jetzt denunzierten sie Andersdenkende als „Schmuddelkinder“.

Auch die „Bild“ wetterte gegen die „Euro-Hasser“, als ob es darum irgendwo gegangen wäre. Die Wut der gendermaingestreamten Flussmitteredaktionen über den Siegeszug der in ihren erlauchten Kreisen unbeliebten AfD war beinahe so beeindruckend wie die Serie selbst. Mochten sie es auch noch tausendmal schreiben: Längst war die AfD keine „Euro-Kritiker-Partei“, und eine „Partei der Euro-Hasser“ ist sie nie gewesen. Auch das Gerede von der „rechtspopulistischen“ oder gar „rechtsextremen“ AfD ging an der Wirklichkeit im Spätherbst 2014 völlig vorbei und zeigte nur, in welchem Paralleluniversum deutsche Journalisten leben. Schmuddelkinder? Eine Projektion – sind sie es doch, die Journalisten, die nach den Hütchenspielern und Politikern ganz unten auf der Beliebtheitsskala rangieren. Man frage mal einfache Menschen, bei wem sie eher einen Gebrauchtwagen kaufen würden, bei einem Journalisten von „Bild“ oder „Stern“ oder bei Bernd Lucke oder Alexander Gauland? Nun wollten sie glauben machen, die AfD würde sich in den Parlamenten „selbst entzaubern“. Dabei waren es die journalistisch-gleichgeschalteten Langweiler selbst, die sich seit Jahren täglich „selbst entzauberten“ und denen Zuschauer und Leser deshalb in Scharen davonrannten.

Ohnehin galt: Das Geschrei der Journaille nützte alles nichts, die „Schmuddelkinder“ schienen nicht mehr aufhaltbar zu sein. Sollen sie doch also lieber gleich mitregieren, um sich auch und erst recht dabei, ja, wir kennen die Leier schon, selbst zu „entzaubern", meinte nun plötzlich der „Spiegel", als ihm gar nichts anderes mehr einfiel.

Womit wir bei der Kehrseite und dem „Aber" sind. Oder mit anderen Worten: bei dem Preis fürs schöne Schauspiel der entrüsteten Journaille ob des Siegeszugs der AfD. Denn nichts lieber als das Mitregieren taten sie auch, „egal mit wem", sagte Bernd Lucke, der Parteivorsitzende, nun erstaunlich offen. SPD? Linke? CDU? Grüne? Alles egal, Hauptsache mitregieren. Willkommen in der Bunten Republik Deutschland nach einer angeblichen „Revolution im Parteienspektrum"?

Der teure Preis für die Erfolge der AfD

Revolution? War da was? Ja, die AfD hatte im Herbst 2014 scheinbar die FDP ersetzt. Vorläufig. Und das hatte Auswirkungen auf allen Ebenen. Die mit den gelben Parteibüchern durften sich einen produktiven Job suchen. Und die mit den blauen wurden an den Staatsgeldtrog herangeführt. Ein eher konservatives Milieu, das bislang der Politik den Rücken zugekehrt hatte und das Politiker eher für Verbrecher hielt, wurde durch die Erfolge der AfD nun an die Staatsnadel gesetzt. Hoffnungen bei Wählern wurden tausendfach geweckt, mit Hilfe der Politik deren Probleme lösen zu können. Gesucht wurden vorerst in Brandenburg, Sachsen und Thüringen, demnächst womöglich auch andernorts: Volljuristen, Volkswirte, Referenten, Sekretärinnen, Geschäftsführer, PR-Fachkräfte und, und, und. Tausende von Jobs für frisch gewickelte Nettostaatsprofiteure.

Muss man das schlecht finden? Ist es denn nicht viel besser, wenn Liberale und Konservative diese vom Steuerzahler gut entlohnten Pöstchen besetzen als noch mehr durchgegenderte und sozialökologisch gleichgeschaltete Halb- und Dreiviertellinke aus den anderen Parteien? Könnte ihre Anwesenheit nicht viel Gutes bewirken oder wenigstens das Schlimmste verhindern helfen? Und überhaupt: Sind nicht CDU und FDP deshalb so weit nach links gedriftet, weil rechts das Korrektiv fehlte, das nun endlich, endlich da war, wo es hingehört, also in den Parlamenten und möglichst auch an der Regierung, egal mit wem?

Schauen wir dazu kurz in das Land, das Deutschland in jeder Beziehung am ähnlichsten ist, nach Österreich. Tatsächlich gibt es neben Almdudler und der Bezeichnung für Schlagobers nur den einen großen Unterschied: In Österreich sitzt seit vielen Jahrzehnten eine Partei rechts von den Christdemokraten und den Sozialdemokraten in den Parlamenten. In den letzten zehn

Jahren waren es sogar stets zwei Parteien davon, weil neben die FPÖ auch noch das BZÖ und danach das Team Stronach traten.

Ist deshalb die Politik in Österreich eine andere als in Deutschland? Sind Christ- und Sozialdemokraten im Land der Hämmer weniger vom Zeitgeist geführt als in Deutschland ohne rechte Alternative? Sind die Medien dort weniger politisch korrekt? Nichts dergleichen ist der Fall. Die österreichische CDU, die ÖVP, ist um keinen Deut konservativer oder liberaler als die deutsche CDU. Man hat die rechte Alternative für unberührbar erklärt, fertig, aus, Mickymaus. Ob sie nun zehn oder mehr als 20 Prozent der Wählerstimmen erhält, spielt keine Rolle.

In Frankreich war das jahrzehntelang nicht anders. Auch dort gibt es eine Alternative „rechts der Mitte", den Front National. Die Politik hat sich dadurch nicht geändert. Man spielt einfach nicht mit den Schmuddelkindern. Es sei denn, diese lernen, sich zu benehmen. Wenn sie die Leitlinien der Politik akzeptieren, dürfen sie nämlich doch mitmachen. Marine Le Pen, übernehmen Sie, und „töten" Sie Ihren Vater!

Angela Merkel deutete mehrfach an, dass die AfD dazu noch ihre Hausaufgaben machen müsse. Noch, so hieß es Mitte 2014 einmal, sei sie eine „Partei von gestern", aber das könne sich ändern, wenn die europapolitischen, sozialökologischen, genderfeministischen und politisch also korrekten Nachhilfestunden erfolgreich absolviert wurden. Ansonsten droht das Schicksal der FPÖ – auf ewig.

Doch so musste die AfD gar nicht erst anfangen, wenn es nach Bernd Lucke ging, der zu allen etablierten Seiten jetzt ganz weit offen war. Schließlich war die AfD aus seiner Sicht nie als Systemalternative gedacht, sondern von Beginn an Fleisch vom Fleische der Etablierten, vor allem aus der CDU. Lucke kam aus der CDU, Alexander Gauland ebenso und viele andere. Wer sich die Programme der AfD zu den Landtagswahlen Mitte 2014 anschaut, erkennt, dass die neue Partei ziemlich genau dort stand, wo die CDU 20 bis 30 Jahren zuvor einmal positioniert war. Systemalternativen sehen anders aus.

Der einflussreiche libertäre Autor Roland Baader benannte immer wieder die zwei wichtigsten Felder, die dem Zugriff der Politiker zu entreißen seien: Geld und Bildung. Wie stand die AfD unter Lucke Ende 2014 dazu?

Sie war gegen den Euro. Um das bestehende Geldsystem zu retten. Genauer gesagt: Die Südländer sollten austreten dürfen, weil diese im Euro nicht genügend inflationieren konnten. Das war nur insofern radikal, als der Front National in Frankreich und die griechischen Kommunisten genauso argumentierten. Aber für Deutschland und Nordeuropa sollte mit der AfD gelten: Weiter so mit dem papiernen Monopolgeldsystem, nur ohne die Südländer, weil die Schuldenpyramiden nur so noch etwas länger zu retten seien.

Und in der Bildung? Die AfD war für eine Reform. Aber nicht etwa, um die Bildung zu entstaatlichen und die Schulpflicht abzuschaffen. Vielmehr sollte mit dem Zentralabitur noch weiter zentralisiert werden, um die Bildung so (wie das Geldsystem) „leistungsfähiger" im Sinne planwirtschaftlicher Lenkung zu gestalten.

Selbst da, wo die AfD auf den ersten Blick radikal im guten Sinne zu sein schien, etwa wenn sie die Finanzierung des öffentlich-rechtlichen Rundfunks durch Zwangsgebühren in Frage stellte, war sie es genauer betrachtet nicht wirklich. Denn den völlig überflüssigen Staatsfunk einfach abschaffen, das traute man sich dann doch nicht zu fordern.

Dabei wäre die Aufregung der Etablierten in Politik und Medien dieselbe gewesen, wenn die AfD von Beginn an als ernsthafte, wirkliche Alternative aufgebaut worden wäre. Eine Alternative, die weniger und nicht noch mehr Politik zu wagen versprochen hätte, die die Freiheit der Bürger in den Mittelpunkt gestellt und zum Ziel gehabt hätte und nicht nur wieder „eine andere Politik" wollte. Die nicht andere Inhalte für zentrale Lehrpläne an Schulen und Universitäten gefordert hätte, sondern diese zentralen Lehrpläne an sich abschaffen wollte.

Die große Chance auf wirkliche Veränderung, zumindest auf eine breite Debatte darüber, wurde mit der lauwarmen AfD, so wie sie sich Ende 2014 darstellte, erst einmal verschenkt. Andererseits blieb die Schadenfreude über all die Journalisten und Politiker der Altparteien, denen die Ratlosigkeit zu diesem Zeitpunkt, an dem auch die Pegida-Demonstrationen in Dresden begannen und jede Woche scheinbar unaufhaltsam anwachsen sollten, ins Gesicht geschrieben stand. Immerhin. Musste vielleicht wirklich erst eine noch sanfte AfD in einer Art Eisbrecher-Funktion ein klein wenig gegen den Strich bürsten, bevor das Feld bereitet war für ernsthafte Alternativen zum alltäglichen Wahnsinn der Politik?

Zwischenfazit? Ein altes Parteiensystem in Auflösung? Das Gegenteil stimmte eher: Ein ganzes Milieu, das der Politik verdrossen abgeschworen hatte, mochte nun „dicke Bretter bohren" und selbst nun auch „mehr Politik wagen". Mehr Systemstabilisierung war selten zuvor. Und dass die Wahlbeteiligung dennoch immer weiter sank, war auch kein Trost: Am Ende wählen sich die Nettostaatsprofiteure eben nur noch selbst. Die USA machen seit langem vor, dass jede Form der „Demokratie" auch bei einer Wahlbeteiligung von 30 Prozent genügend legitimiert ist.

Ende 2014 schien sich die Partei mit Bernd Lucke und seinen Thesen arrangiert zu haben. Man war nun etwas breiter aufgestellt, auch personell. Die FDP schien abgeschrieben, anstelle der „Gelben" gestalteten nun also „die Blauen" auf allen Ebenen mit. Was sollten sie auch sonst tun? Wer hätte es ihnen verübeln können? Wer hätte die Chance auf Staatsknete abgeschlagen? Wir sind alle nur Menschen, selbst die radikalsten Staatskritiker werden regelmäßig schwach, wenn eine staatliche Universität mit genügend Geld und Lehrstühlen lockt. Und wer sich die Charaktere, Lebensläufe und familiären Umfelder vieler AfDler 2014 anschaute, der sah fast durchweg eher noch sympathischere Menschen im Vergleich zu den oft von Kindesbeinen an der Staatsnadel hängenden Kandidaten der Altparteien, denen man das auch ansieht. Wenn die Journalisten aus dem Paralleluniversum sich dazu derart wanden, sprach das erst recht für die AfD.

Für die Befreiung unseres Landes von der Allmacht der Politiker und Bürokraten aber war die Erfolgsserie der AfD womöglich ein Pyrrhussieg, vielleicht sogar eine Katastrophe. Doch dann kam eben auch Pegida – und der politstrategische Amoklauf von Bernd Lucke begann.

Luckes Amoklauf und der Brandbrief der fünf Rebellen

Das Jahr 2014 neigte sich unverrichteter strategischer und programmatischer Klarheit dem Ende, und immer noch zögerte Lucke, mal gegen Pegida wetternd, dann den Druck seiner besser witternden Basis wahrnehmend und halbherzig Verständnis zeigend, um schließlich alles auf eine Karte zu setzen, nämlich auf die eigene und damit das Personelle.

Lucke scheiterte nach einem bekannten Muster wie unzählige Vorsitzende von im Aufbau befindlichen Parteien zuvor: Irgendwann ist es eine von anderen als selbstherrlich empfundene Pirouette, eine Rücktrittsdrohung zu viel. Und dann schrieben fünf führende Parteimitglieder – Petry, Gauland, Adam, Pretzell und von Storch – einen offenen „Brandbrief".

Lucke hatte bei seinen lässigen Pro-Establishment- und Pro-NATO-Abstimmungen im EU-Parlament offenbar nicht damit gerechnet, dass der alte CDU-Parteifreund Alexander Gauland sich in Sachen Russlandpolitik als Überzeugungstäter herausstellen würde, mit dem hier nicht zu spaßen war. Auch die Mitunterzeichnerin Beatrix von Storch galt in dieser und anderen Fragen als Überzeugungstäterin. Dass Lucke es mit dem einen oder anderen persönlichen Affront fertig brachte, auch noch die lieber mal taktierenden Landesvorsitzenden von NRW und Sachsen, Marcus Pretzell und Frauke Petry, gegen sich aufzubringen, war schon „eine Leistung". Übertroffen nur noch darin, dass er sich schließlich auch mit Konrad Adam den dritten Bundessprecher (neben Lucke und Petry) zum Gegner machte, jenen Konrad Adam, der sich noch im Oktober auf der Frankfurter Buchmesse zum Windmühlenkampf „gegen rechts" in der für ihn damals „wichtigsten Frage für die Partei" einspannen ließ.

Lucke wollte, das wird in dem Brief der fünf Aufständischen explizit angesprochen, alle, die „Systemkritik" üben, aus der Partei drängen: „Nur durch gut funktionierende Teamarbeit im Vorstand konnte der Versand einer solchen Mail an alle Mitglieder verhindert werden."

Bemerkenswert war, dass einzig der dritte AfD-Fraktionsvorsitzende Björn Höcke nicht gegen Lucke unterschrieben hatte, obwohl gerade der ausgewiesene nationalkonservative Thüringer Parteichef inhaltlich deutlich gegen den Kurs von Lucke stand.

Auf eine Stelle im Brandbrief der fünf Rebellen sei noch hingewiesen. Die Damen Petry und von Storch sowie die Herren Adam, Gauland und Pretzell schrieben daselbst an Bernd Lucke: „Sie wollen nicht gegen das Gender-Mainstreaming ‚agitieren', wie Sie sagen, weil Wikipedia darunter die ‚Gleichstellung der Geschlechter' definiert – und das ja eigentlich gut sei, und Sie halten Bürgerrechte für ein Thema, das bei SPD und Grünen ausreichend aufgehoben ist, weil Sie kein Liberaler seien."

Natürlich war der ehemalige Weltbank-Professor gegen Bürgerrechte. Gut, dass auch dies mal festgehalten wurde. Erhellender aber noch für dessen politisches Selbstverständnis war der Verweis auf Gender-Mainstreaming. Hier mochte Lucke nicht zu sehr angreifen, weil doch Wikipedia sage, das sei ja gar nicht böse. Wie bitte?

Entweder war Bernd Lucke furchtbar naiv – oder an dieser Stelle ganz besonders durchtrieben. Denn entweder wusste er nicht, dass der politische Teil von Wikipedia gebilligt und weitgehend verschwiegen vom politmedialen Establishment vor vielen Jahren von Linksextremisten gekapert wurde (dabei hätte er nur einmal den dortigen Eintrag über seine wissenschaftlichen Minderleistungen mit den lobhudelnden Wiki-Erfolgslisten eines x-beliebigen Gender-Professors jederlei Geschlechts vergleichen müssen). Oder er wollte bewusst im Bündnis mit denselben ein gigantisches Umverteilungs- und Umerziehungsprogramm (das Gender-Mainstreaming tatsächlich ist) durchsetzen oder zumindest nicht verhindern.

Jedenfalls war Lucke in der schönen neuen Welt der medialen Engstirnigkeit offenbar längst gefangen, wo auch das zweite milliardenschwere Umerziehungs- und Umverteilungsprogramm unter der Parole „Klimarettung" verklärt und durchgewunken wird – Lucke hätte Kritik auch daran als „Verschwörung" abgetan.

Nie wäre es ihm in den Sinn gekommen, sich alternativ zu informieren oder gar wie „Parteifreund" Alexander Gauland Kongresse von „umstrittenen" Non-Mainstream-Magazinen zu besuchen, wie „Parteifreund" Björn Höcke „mit jedem zu reden" und auch als „rechtsradikal" geltenden Magazinen selbstverständlich Interviews zu geben (in normalen Ländern und zu normalen Zeiten eine Selbstverständlichkeit, so wie auf der anderen Seite ja auch jeder mit der „taz" oder dem „Neuen Deutschland" spricht), oder wie „Parteifreundin" Beatrix von Storch gleich ein eigenes politisch inkorrektes Online-Magazin zu gründen.

Nein, der strenggläubige evangelisch-reformierte Christ hätte den engen Kontakt seiner Mitstreiter zu alternativen Medien wie RT Deutsch oder „Compact" (Gauland), „Sezession" oder „Zuerst" (Höcke) oder *eigentümlich frei* (Henkel und von Storch) für zumindest unkeusch gehalten, wenn er die entsprechenden Magazine nicht gar als politpornographisch eingeschätzt hätte.

Bernd Lucke, der (Ironie der Geschichte) selbst (angeblich) kein Fernsehgerät besitzt, das war inzwischen ganz klar, war der Kandidat aus dem Mainstream und für den Mainstream. Er hatte dabei nur übersehen, dass sich wie vor der Entstehung der Grünen längst ein alternatives Milieu im Internet und zunehmend auch im realen Leben gebildet hatte, das von der „Lügenpresse" die Nase gestrichen voll hatte und von ihr auch nirgends mehr erreicht wurde. Ein Milieu, das den Großteil der AfD-Wähler stellte und nun begann, Proteste auch mal auf die Straßen zu tragen.

Zurück zum Aufstand der „glorreichen Fünf": Kurz vor dem Bremer Parteitag gaben sie klein bei und fügten sich – zum letzten Mal – allen Satzungsänderungswünschen von Bernd Lucke. Der fühlte sich denn auch als großer Sieger des Bremer Parteitags Ende Januar 2015 und feierte, dabei wieder mal eine Spur zu selbstgerecht, seinen Triumph – seinen letzten als AfD-Vorsitzender.

Die fünf Aufständischen hatten sich freiwillig gefügt – aus einer Parteiräson, die Lucke selbst nie für sich akzeptiert hatte. Frauke Petry jedenfalls machte immer noch alles mit. Gegen Lucke antreten, sagte sie immer wieder, würde sie ohnehin nie. Schließlich stimmte die sächsische Landesvorsitzende sogar für Luckes Veto wider die Aufnahme des Publizistenehepaars Götz Kubitschek und Ellen Kositza, die den Technokraten von Hamburg bis Dresden offenbar nicht windschnittig genug ins Establishment hätten folgen können.

Die März-Revolte aus Thüringen und Sachsen-Anhalt

Anders Alexander Gauland: Er war nun der einzige der fünf Gescheiterten vom Januar, der auch beim neuen Versuch, Lucke zu stoppen, mit von der Partie war. Björn Höcke, der Initiator der März-Revolte, hatte sich zu Jahresbeginn noch auffällig zurückgehalten. Viele vermuteten schon damals, er würde im Hintergrund andere Dinge vorbereiten. Auf dem Thüringer Landesparteitag präsentierte er schließlich das Ergebnis dieser Bemühungen: die Erfurter Erklärung.

Anders als der Rohrkrepierer um Petry im Januar ging es Höcke und seinen Mitstreitern um Inhalte und, ja, um das passende Milieu: Will die AfD sich gegen die etablierten Parteien und damit auch bewusst gegen die etablierten Medien stellen – mit allen Konsequenzen? Anders als die anderen Parteiführer bewegte sich Höcke auch kulturell nicht im politmedialen Establishment, er orientierte sich nicht an den Vorgaben von Tagesschau und „Spiegel", sondern eher an und in alternativen Medien, denen Lucke nicht einmal ein Interview gegeben hätte.

Der Wortlaut der Erfurter Erklärung machte deutlich, dass es den März-Aufständischen nicht um den Machtkampf zwischen rechtem und linkem Flügel oder zwischen scheinbar Konservativen und Liberalen in der AfD ging, wie oft behauptet. Die wirkliche Scheidelinie wurde jetzt auch offiziell in der Resolution markiert (hier der gesamte Wortlaut): „Das Projekt Alternative für Deutschland ist in Gefahr. Wir haben im Laufe des vergangenen Jahres glänzende Wahlerfolge errungen, drohen aber den Vertrauensvorschuss der Wähler leichtfertig zu verspielen. Die Bürger haben uns gewählt, weil sie hoffen, dass wir anders sind als die etablierten Parteien: demokratischer, patriotischer, mutiger. Anstatt nun jedoch die Alternative zu bieten, die wir versprochen haben, passen wir uns ohne Not mehr und mehr dem etablierten Politikbetrieb an: dem Technokratentum, der Feigheit und dem Verrat an den Interessen unseres Landes. Wir orientieren uns in unserem politischen Handeln ängstlich an dem, was uns Institutionen, Parteien und Medien als Spielraum zuweisen, anstatt selbst den Radius unseres Handelns abzustecken und zu erweitern. Wir zeigen zu oft jenen vorauseilenden Gehorsam, der die Verhältnisse, gegen die wir angetreten sind, nicht verändert, sondern zementiert. Die AfD konnte dem Bürger glaubhaft vermitteln, sich als demokratische Kraft mit Sachverstand auch um diejenigen Probleme zu kümmern, die nie direkt angesprochen werden. Dieses Erfolgsmodell sehen die Erstunterzeichner der ‚Erfurter Resolution' durch die Tendenz gefährdet, die politische Spannbreite der AfD über Gebühr und ohne Not zu begrenzen. Wir verlieren damit genau das, was unsere Daseinsberechtigung ausgemacht hat. Die Partei hat Mitglieder verprellt und verstoßen, deren Profil unverzichtbar ist, sich von bürgerlichen Protestbewegungen ferngehalten und in vorauseilendem Gehorsam sogar distanziert, obwohl sich tausende AfD-Mitglieder als Mitdemonstranten oder Sympathisanten an diesen Aufbrüchen beteiligen, im Hamburger Wahlkampf auf die Unterstützung der Wahlsieger aus Thüringen, Brandenburg und Sachsen und damit auf eine Ansprache der Wähler bewusst verzichtet, die den Wahlerfolg einer echten Alternative greifbar und eine Aktivierung der Nicht-Wähler möglich gemacht hätte. Die Erstunterzeichner dieser Resolution sehen darin ein fatales Signal: Der provokative Umbau der AfD zu einer technokratisch ausgerichteten Partei gefährdet den im Vorfeld des Bremer Parteitags mit großer Selbstdisziplin der Beteiligten gefundenen Kompromiss. Zahllose unserer Mitglieder verstehen die AfD nämlich immer noch und gegen jede Verengungstendenz als grundsätzliche, patriotische und demokratische Alternative zu den etablierten Parteien, als Bewegung unseres Volkes gegen die Gesellschaftsexperimente der letzten Jahrzehnte (Gender Mainstreaming, Multikulturalismus, Erziehungsbeliebigkeit und so fort), als Widerstandsbewegung gegen die weitere Aushöhlung der Souveränität und der Identität Deutschlands, als Partei, die den Mut zur Wahrheit und zum wirklich freien Wort besitzt. Die Enttäuschung über das fehlende Bekenntnis der AfD zu einer grundsätzlichen politischen Wende in Deutschland ist in allen Landesverbänden (und vor allem im Osten) mit Händen zu greifen. Die Erstunterzeichner sehen im vollen Einsatz der AfD für eine grundsätzliche politische Wende in Deutschland die eigentliche Daseinsberechtigung ihrer Partei, wissen, dass dieser Einsatz zu echten Auseinandersetzungen mit den Altparteien, den Medien und den Trägern der verheerenden Gesellschaftsexperimente führen wird, fürchten diese Auseinandersetzungen nicht und verlangen von den Funktionsträgern unserer Partei in den Vorständen und Parlamenten, diese Auseinandersetzung mutig und wahrhaftig zu führen. Die Erstunterzeichner fordern jedes AfD-Mitglied, das diese Resolution unterstützt, zur Unterschrift auf. Ziel ist die Sammlung aller auf eine echte Alternative zu den bestehenden Parteien ausgerichteten Kräfte innerhalb der AfD.“

Starker Tobak, bei dem unterging, dass bereits am 15. Februar die Hamburger eine neue Bürgerschaft gewählt hatten. Die AfD war mit 6,1 Prozent zum vierten Mal in Folge in einen deutschen Landtag eingezogen. Allerdings mit dem bislang schwächsten Ergebnis. Und erstmals war man von der schon tot geglaubten FDP überholt worden.

Die Hamburg-Wahl machte auch deutlich, dass mit Höckes Inhalten deutlich mehr Stimmen zu holen waren als mit Luckes Weichspül-Version (da wählte man lieber gleich die Originale). Der als Lucke-nah geltende Hamburger Landesverband hatte ganz darauf gesetzt und dennoch im Milieu des Elb-Establishments katastrophal abgeschnitten, während man in den Arbeitervierteln noch die meisten Stimmen holte.

Zurück zur Erfurter Erklärung: Die große Überraschung war, dass sich der stellvertretende Bundesvorsitzende und brandenburgische AfD-Chef Alexander Gauland den beiden Landesvorsitzenden aus Thüringen und Sachsen-Anhalt wenige Stunden nach Veröffentlichung demonstrativ anschloss. Warum? Und warum so schnell?

Variante eins: Gauland könnte von Beginn an heimlich beim Erfurter Coup strategisch mitgemischt haben. Um diesen noch weiter aufzuwerten, gingen die beiden anderen Landeschefs zuerst an die Öffentlichkeit, und der gesonderte Beitritt Gaulands war dann eine Werbemaßnahme zur weiteren Verbreitung. Dagegen spricht, dass der politisch erfahrene Gauland dann doch lieber noch ein paar Tage länger gewartet hätte, um den Effekt zu maximieren.

Szenario zwei: Bei Lucke musste man in diesen Tagen mit allem rechnen. Zweimal (bei den Parteitagen in Berlin und in Bremen) wurde die Satzung dahingehend verschärft und auf Luckes dirigistische Bedürfnisse immer weiter zugeschnitten, so dass der Bundesvorstand nun ganze Landesvorstände ablösen und sogar auflösen konnte. Diese Satzungsdetails sind zwar mit dem deutschen Parteienrecht kaum vereinbar, aber wen hätte das im Notfall einer drohenden Übernahme der AfD durch Gegner des bundesdeutschen Polit-Establishments interessiert?

Stand womöglich ein solcher Durchgriff gegen die Aufständischen in Sachsen-Anhalt und Thüringen kurz bevor? Hatte Gauland als Mitglied des Bundesvorstands von solchem Ansinnen Wind bekommen und im letzten Moment die Reißleine gezogen, indem er sich selbst dem Protest anschloss? Schon weil er und insbesondere seine Russland-Politik beim Großreinemachen ansonsten als nächstes dran gewesen wären?

Interessant war, dass kurz nach Bekanntwerden der Erfurter Resolution ein ausgewiesener Antifa-Journalist Björn Höcke verdächtigte, früher unter dem Pseudonym „Landolf Ladig" für NPD-Zeitungen geschrieben zu haben. Wer hatte dem Linksaußen-Schreiber diesen Hinweis gegeben? War das die vorbereitete Begleitmusik für den Coup gegen Höcke und Poggenberg, der mit Gaulands Blitzbeitritt vereitelt wurde?

Natürlich hätte sich die AfD von Beginn an dagegen verwahren müssen, Mitglieder aufgrund einer extremistischen Vergangenheit auszuschließen. Die Grünen beispielsweise haben ganze Gebietsverbände mehrerer kommunistischer K-Gruppen (Verirrte, die den Massenmördern in China oder Kambodscha huldigten) und oft sogar der Nähe zum Terrorismus Verdächtige bei ihrer Gründung in die Partei integriert und später sogar zu Ministern gemacht. Ein kurzer Hinweis darauf von Lucke hätte genügt, Zehntausende von Menschen, die in den letzten Jahrzehnten mangels Alternative, aus Abenteuerlust oder warum auch immer mehr oder weniger rechte Kleinparteien durchlaufen haben, „mit der AfD zurück in die Demokratie zu integrieren", so wie es die Grünen mit den K-Gruppen und Unterstützern des RAF-Terrors vormachten und wie es die Linke als Nachfolgepartei der SED mit den Mauermördern gleichgemacht hat. Wer hätte etwas dagegen sagen können, wenn man es nur offensiv vertreten hätte?

Nein, Lucke und Co hatten immer wieder gezeigt, dass sie dieses Machtinstrument dringend benötigten, um ihren Kurs zur Herrschaftssicherung der politischen Klasse durchzuziehen. Der Weltbank-Professor selbst hatte ja scheinbar eine „weiße Weste" mit seinen 33 Jahren CDU-Mitgliedschaft. Oder war nicht gerade dieser Werdegang das eigentliche Armutszeugnis? Wie sehr mentaler Blockwart muss man sein, um nicht zu erkennen, dass Verirrungen wie die linksradikalen jungen Jahre von Joschka Fischer oder Jürgen Trittin im Zweifel ehrenwerter sind als der Eintritt mit 15 in die Junge Union, um sich dann in den besten Jahren per „Ochsentour" beim Plakatekleben für Mutti und Konsorten nach oben zu schleimen?

Bemerkenswert, wie Lucke auch darauf reagierte – mit einem Amtsenthebungsverfahren gegen Höcke! Und der? Wies das selektive Wühlen in anderer Leuts Vergangenheit als das zurück, was es war: als Zumutung linker Spießer.

Luckes Endspiel

Spätestens seit dem Jahreswechsel 2014/2015 spielte Bernd Lucke, der Professor mit dem Schulbubengesicht, „Alles oder Nichts“. Und: „Nach mir die Sintflut!“ Auffällig war die Gnadenlosigkeit gegenüber Andersdenkenden, mit der er agierte. Oder war es sogar ein gewisser Vernichtungswille? Lucke wollte die ganze Macht in der AfD. Vom Start weg waren seine Mittel nicht die Diskussion und Überzeugungsarbeit etwa in einer Programmdebatte, die er stets verhindert und auf den Sankt-Nimmerleins-Tag verschoben hatte, sondern der Ausschluss von Menschen, die nicht wie er mehr als 30 Jahre in der CDU (oder FDP) verbracht haben. Die, die nach wirklichen Alternativen suchten, wurden von Lucke gemobbt, mit Ausschlussverfahren und Abwahlanträgen aus der Partei, oder von ihren Posten gedrängt.

Spät erst formierte sich Gegenwehr gegen den umtriebigen Professor, der akribisch in den zwei Jahren davor beinahe jeden Landesparteitag besuchte, um personalpolitisch Einfluss zu nehmen, auszusortieren und seine Gefolgsleute „einzutüten“. Im Januar 2015 noch scheiterte der erste größere Widerstand der „fünf Rebellen“. Anführerin Frauke Petry zeigte, dass ihr Ziel damals nur Platz zwei unter dem großen Zampano aus Winsen war („Ich erwarte jetzt ein Treuebekenntnis von Bernd Lucke zu meiner Person“).

Doch der Professor, der gerade erst durch seine Alleingänge und seine Unfähigkeit zur Teamarbeit die Rebellen aufgebracht hatte, machte immer mehr Fehler in seinem unbedingten Machtstreben. Er beanspruchte auch Platz zwei für seine Getreuen und vergraulte damit noch die, die doch nur gerne seine Helfershelferin aus Sachsen gewesen wäre. Das unterschied Lucke dann doch von Merkel: Auch die Kanzlerin agiert gnadenlos. Aber aus taktischen Gründen ist sie auch immer zu Kompromissen bereit. Die gingen Lucke völlig ab, und irgendwann hatte es in der AfD auch der Letzte gemerkt.

In der Phase des großen Richtungsstreits wäre ein vermittelnder Vorsitzender gefragt gewesen, einer, der alle Flügel einbindet – und nicht die Person, die wie keine andere polarisiert und „die Richtungsentscheidung“ sucht. Und die kaum einen Hehl daraus machte, ganze Gruppen aus der Partei drängen zu wollen. Raus mit den Andersdenkenden – das war immer Luckes Kernprinzip.

Das zweite große Aufbegehren begann mit der Erfurter Resolution. Alle, die wirklich eine Alternative zum maroden System aufbauen wollten, von Nationalkonservativen bis Libertären, alle, die nicht einfach nur Teil der Etablierten werden oder wie Lucke bleiben wollten, sie fanden nun in den Unterschriftenlisten dieser Resolution zusammen und wurden einander kenntlich. Bald wussten knapp 2.000 Mitglieder der AfD: Wir sind ja gar nicht alleine.

Dabei wurde die Resolution recht defensiv formuliert. Man wolle die Partei „gegen jede Verengungstendenz“ in ihrer Breite und als grundsätzliche Alternative bewahren. Auf Deutsch: Jene wollten mitreden und mitmachen, die Lucke und seine Freunde unter Generalverdacht stellten und rauszudrängen suchten. Die Erfurter Resolution aber erwischte Lucke kalt, sie war glänzend und in aller Stille vorbereitet worden.

Danach schlug der Professor nur noch wild um sich und machte einen Fehler nach dem anderen. Erst mit einer eilig zusammengestrickten Gegenresolution, die man „Deutschland-Resolution“ nannte, um zu verdecken, dass sie nach ihrer Herkunft eine Brüsseler war. Ein wirrer Text, der im Kern forderte, dass die Andersdenkenden die Partei zu verlassen haben. Es folgten weitere der üblichen Ausschlüsse von Ämtern und Parteimitgliedschaften. Und schließlich wollte Lucke auch noch die der Partei so lange versprochene und immer wieder vertagte Programmdebatte für immer durch einen ebenso schnell verfassten Mitgliederentscheid noch vor dem entscheidenden Parteitag unterbinden, der zunächst Anfang Juni 2015 in Kassel stattfinden sollte. Die AfD sollte nicht nur ihn und seine Leute personell durchwinken, sie sollte ihm auch den inhaltlichen Freifahrtschein gleich mit in die Hand drücken. Viele ahnten: Das wird böse enden. So oder so, glaubten die meisten: Setzt sich Lucke durch, würden alle, die keine scheinalternative CDU/FDP 2.0 wollten, enttäuscht die Partei verlassen oder vom großen Chef persönlich rausgeschmissen werden. Die nötigen Satzungstricks dazu wurden Lucke auf dem Parteitag in Bremen durchgewunken. Scheiterte Lucke, würde er die Partei verlassen. Dann, so eine weit verbreitete Ansicht, habe die AfD auch keine Zukunft mehr.

Doch da gibt es Gegenargumente: Anders als noch Ende der 80er Jahre beim Start der Republikaner sind alternative Milieus entstanden und gewachsen, die eine wirklich oppositionelle Kraft auch gegen den massiven Widerstand aus Politik und Medien über fünf Prozent tragen könnten. Anders als Anfang der 80er Jahre beim Entstehen der Grünen verstehen sich diese durchaus heterogenen Milieus im Zweifel heute als „rechts". Die AfD hatte hier (und nicht etwa bei den etablierten Zielgruppen) schon bislang und trotz Lucke alle ihre Wahlen gewonnen. Selbst in Hamburg wurde das bei den Vorzugsstimmen für in der Liste unten plazierte polarisierende Kandidaten deutlich.

Nein, ohne Lucke könnte die AfD Erfolg haben wie einst die Grünen ohne ihren Gründer und „Übervater" Herbert Gruhl. Nicht, dass Luckes Gegenspieler unbedingt „netter" sind. Das Politiker-Gen haben sie alle, und in ihren Landesverbänden agieren sie von Höcke in Thüringen über Petry in Sachsen und Gauland in Brandenburg bis zu Pretzell in NRW allesamt ähnlich wie Lucke in ganz Deutschland, nämlich nicht zuletzt durch Einschüchterung, Verfahrenstricks, Ausschlüsse und Verengung. Auch programmatisch sind sie womöglich jeder einzeln betrachtet nicht staatskritischer und liberaler oder sonstwie besser als Bernd Lucke, vielleicht im Gegenteil: Höcke ist kollektivistischer Nationalist, der mit dem Wort „völkisch" von Hans-Olaf Henkel gar nicht völlig verkehrt beschrieben wurde, Gauland ist Sozialpopulist wie seine Gesinnungsfreunde von der Linken, und Petry – um es auch hier einmal ganz böse zu formulieren – hat die AfD in Sachsen, die für mehr Subventionen für Sportvereine oder das Zentralabitur kämpft, als Platzwart des Etatismus und Schule des Zentralismus etabliert. Aber keiner von ihnen ist so stark wie Lucke war, und einig sind sie sich nur in wenigen Fragen.

Deshalb lautete die Alternative vor dem alles entscheidenden Parteitag: Angekündigte und dann durchgesetzte Monotonie unter Lucke oder ein personell und programmatisch heterogenes Führungsteam unter Frauke Petry. Würden Luckes Widersacher diesmal und im letzten Moment erfolgreich sein, so wüssten sie, dass sie gut daran täten, die Partei so breit aufzustellen, wie Lucke es nie zulassen wollte. Dann würden die Sozialpopulisten, Nationalisten und Langweiler auch den einen oder anderen freiheitlich-libertären Don Quijote gegen den Steuer- und Umverteilungsstaat mit einbinden.

Wie einst die Fundis in verschiedenen Konstellationen und Räte-Aufstellungen (wer erinnert sich noch an die einzelnen „Sprecher"?) nach dem Start die Grünen übernahmen und siegten, so könnte auch die AfD so ihre kritische Phase überleben.

Dann erst wird der langsame Anpassungsprozess einsetzen, und in ein paar Jahrzehnten werden auch die heutigen Rebellen womöglich als Lucke-Karikaturen enden. Ob das längerfristige Anbinden der alternativen Szenen an die Staatsspritze und auf Versorgungsposten auf Kosten der Steuerzahler letztlich positiv zu bewerten ist, steht auf einem anderen Blatt. Aber bis dahin ist wenigstens die Show besser. Und zu verhindern ist dieser Prozess ohnehin auf Dauer nicht, denn das politische Vakuum diesseits der Etablierten ist viel zu groß geworden.

Am Ende hat es auch Bernd Lucke zugegeben

Seit der Verabschiedung der Erfurter Resolution wirkten Bernd Lucke und seine Mitstreiter getroffen und agierten chaotisch. Dass Björn Höcke und dessen Freunde in der Analyse durchaus recht hatten, wurde von der anderen Seite dennoch stets bestritten.

Doch in der Nacht zum 11. Mai 2015 gegen vier Uhr morgens gab Bernd Lucke in einer offenbar von Panik getriebenen Massen-Email an die Mitglieder der Partei zu, was der Autor dieses Buches seit Mitte 2013 immer wieder vorhergesagt hatte und die Erfurter von der anderen Seite bereits bestätigten. Der Richtungskampf war tatsächlich ein immer erbitterter und persönlich verletzender geführter Kulturkrieg geworden, dessen Fronten quer durch die junge Partei verliefen. Lucke bestätigte nun, es gebe „vereinfacht gesprochen zwei sehr unterschiedliche Gruppen von Mitgliedern. Die eine Gruppe kritisiert politische Fehlentwicklungen, akzeptiert aber die wesentlichen gesellschaftlichen Grundentscheidungen der Bundesrepublik Deutschland.“ Die andere Gruppe, so Lucke, stelle „eben diese in Frage, sie äußert sich deshalb in den unterschiedlichsten Akzentsetzungen, teilweise auch antikapitalistisch, antiamerikanisch oder antietatistisch. Es fallen in diesem Zusammenhang auch unpräzise aber bezeichnende Kampfbegriffe wie Mainstream, Establishment, Systemfrage.“

Das deckte sich eins zu eins mit der Analyse der Gegenseite. Und selbst dieselben Konsequenzen der jeweiligen Haltung wurden von Lucke ebenso präzise benannt – Anerkennung hier, Mobbing durch das Establishment im anderen Fall. Lucke bestätigte: Ein Teil der Partei betrachte zweites als „notwendigen Preis, den man bezahlen müsse, wenn man gegen den Mainstream agiere“. Der andere Teil um Lucke selbst „aber ist zunehmend besorgt, weil die Mitgliedschaft in der AfD immer öfter vom Arbeitgeber missbilligt wird, weil sie zu beruflichen Nachteilen führt, weil Kunden verlorengehen und weil man sich sozial ins Abseits gerückt sieht, wenn man merkt, dass Freunde und Bekannte, ja manchmal sogar Familienmitglieder auf Distanz gehen“.

Spätestens jetzt wusste wirklich jeder, worum es geht. Außer dem Mit-Vorsitzenden Konrad Adam, der in einer peinlichen Antwortmail – ebenfalls an alle Mitglieder gesandt – unverdrossen tapfer die Windmühle „gegen rechts“ bekämpfte und Lucke nebenbei vor zu viel „Marktradikalismus“ meinte warnen zu müssen, ausgerechnet Lucke.

Vor dem Essener Parteitag

Lucke zeigte nun sein wahres Gesicht – und es war kein lächelndes mehr. Für diese Offenlegung der Schwächen des Übervaters darf die Partei den Organisatoren der Erfurter Erklärung dankbar sein, hat sie doch Luckes stramm geplantes Projekt CDU-FDP 2.0 in letzter Minute zu Fall gebracht, indem sie ihn aus der Reserve lockte.

Denn der Professor aus Winsen an der Luhe entpuppte sich als Chaot der Sonderklasse. Schließlich, kurz vor dem alles entscheidenden Parteitag, überschlugen sich die Ereignisse: Erst versuchte Lucke, einen von seinen Mitstreitern amateurhaft vorbereiteten Mitgliederentscheid gegen alle Warnungen durchzudrücken. Einen Tag später die Meldung, der Entscheid sei abgeblasen. Zwei Nächte danach verschickte Lucke den plötzlich in Einzelfragen abgeänderten Entscheid im Alleingang. Per Email! Erneut kurze Zeit danach wurde die Farce vom Schiedsgericht der Partei als satzungs- und verfassungswidrig zurückgezogen.

Lucke kündigte eine Pressekonferenz in Straßburg für Montag, den 18. Mai, an. Zwei Tage später wird der Termin ersatzlos gestrichen. Drei weitere Nächte darauf eine neue Terminankündigung: Dienstag, den 19. Mai, sollte jetzt doch die Pressekonferenz stattfinden. Wenige Stunden später der abermalige Rückzug: Nein, die Pressekonferenz sei wieder abgesagt, es werde jetzt zum Hintergrundgespräch mit ausgesuchten Journalisten geladen. Lucke war inzwischen auch in Straßburg zur Witzfigur geworden.

Die Veranstaltung fand dann tatsächlich statt. Im Keller. Die geladenen Journalisten zeigten – Mitleid. Selbst den „Spiegel"-Reportern tat Bernd Lucke jetzt nur noch leid. Sie berichteten von einer menschlichen Tragödie.

Das traf es ziemlich gut. Lucke hatte am Vortag über die „FAZ" seine neueste Volte im Zeugen-Jehovas-Jargon angekündigt, den „Weckruf 2015", der in einer neuen Partei münden sollte, notfalls, wenn sein Wille nicht geschehe, die finanziellen Mittel stünden schon bereit. Irgendjemand muss Lucke dann gesteckt haben, dass er mit der angekündigten Gründung einer Konkurrenzpartei aus der AfD heraus wieder einmal gegen die eigene Satzung verstieß, und zwar derart eklatant, dass man ihn nun gegebenenfalls auch schnell hätte ausschließen können. Ein Treppenwitz – er, der Parteiführer, der in den zwei Jahren zuvor die Mittel der Amtsenthebung und des Parteiausschlusses oft und gerne zur Ausschaltung der Konkurrenz gebraucht hatte, war nun akut selbst bedroht. Es folgte die nächste 180-Grad-Kehre innerhalb einer einzigen Nacht. Am Morgen im Straßburger Keller nämlich bestand Lucke darauf: Niemand hat die Absicht, eine neue Partei zu gründen!

Aber warum dann der Weckruf? So richtig erklären konnte er es selbst nicht mehr. Total verrannt. Die eilig eingerichtete Internetseite weckruf2015.de war ein Dokument des Scheiterns. Interessanter als die Liste der letzten Getreuen, die auf der Homepage als Mitunterzeichner genannt wurden, waren die Namen derer, die fehlten. Nicht einmal engste bisherige Mitstreiter folgten Lucke mehr bei seinem kurzen Lauf gegen sich selbst. Gustav Greve etwa, der Beisitzer im Bundesvorstand, der als Luckes angehender Generalsekretär gehandelt wurde. Oder der ihm bislang ebenso treue bayerische Landesvorsitzende Andre Wächter. Sie fehlten plötzlich.

Galt Lucke früher als der Gewinner, an dessen Seite man sich gerne zeigt, so mochten die einstigen Günstlinge nun nicht mit in den Abgrund gerissen werden. Womit wir bei den Tausenden von namenlosen Karrieristen in der Mitte der Partei wären, die wenige Wochen zuvor noch Luckes Machtbasis waren. Er hatte sie verspielt. Karrieristen sind wie Frauen – immer mit den Gewinnern.

Der einstige Lucky Lucke war zum Loser Lucke geworden. Wer ihm einst treu ergeben war, weil er sich Wahlsiege und Posten vom Professor Strahlemann erhoffte, der mochte nun seinen Namen nicht hergeben, um für alle sichtbar auf Luckes Wachtturm-Liste aufzutauchen. Wer dort mit einem öffentlichen

Bekenntnis beim Himmelfahrtskommando mitmachte, konnte seine Karriere in der AfD knicken, bevor sie richtig begonnen hatte. Der würde nichts mehr in der Partei nach Lucke. Nein, das war das Letzte, was ein Karrierist tun würde.

Lucke hatte sich selbst ausgespielt – in Rekordzeit. Rudolf Scharping entpuppt sich im Vergleich mit Lucke rückblickend als politstrategisches Talent. Nach dem Fiasko mit dem Mitgliederentscheid, der sein persönlicher Offenbarungseid war, hätte Lucke zurücktreten können. Er hat auch das verpasst. Eine Tragödie.

Kampf gegen rechts: Beatrix von Storch unter Beschuss

Ein Beispiel für das, was vor dem Parteitag sonst so passierte: Am Abend des 14. Mai sollte auf Einladung des Kölner Kreisverbandes der AfD deren Europaabgeordnete Beatrix von Storch über Gender Mainstreaming sprechen. Das rief die Antifa und Homo-Aktivisten auf den Plan, die in solchen Fällen die freie Meinungsäußerung des Andersdenkenden nicht gestatten und deshalb – leider ist das in Deutschland und insbesondere in Köln der Regel- und nicht der Ausnahmefall – Druck auf den Veranstalter oder den Vermieter der Räumlichkeiten ausüben, so lange und notfalls zunehmend intensiv, bis dieser entnervt und aus Angst vor Denunziation oder sogar um seine körperliche Unversehrtheit nachgibt, um das eigene Haus, die eigene Haut und den eigenen Ruf zu retten.

Wie so oft in Deutschland und erst recht in Köln hatten die Täter mit ihrer Nötigung Erfolg – die Jugendherberge, deren Räumlichkeit für die Veranstaltung längst gemietet war, sagte eine Stunde (!) vor Veranstaltungsbeginn ab. Anschließend wurde der Herbergsvater zynisch von den eigenen Erpressern für eine „Zivilcourage" gefeiert, für die ihm tatsächlich der Mut fehlte.

Das totalitäre Gebaren der Homo- und Linken-Aktivisten ist das kleinere Problem, denn Möchtegern-Stalins oder einfach auch Verbrechernaturen hat es immer gegeben und wird es immer geben. Ein Problem übrigens, das langfristig die Linken (die Homo- und Gender-Freaks sind nur ihre zeitgemäßen Erscheinungsformen) selbst lösen müssen, fallen doch die Schweinereien jener Nazis in ihren Reihen irgendwann auf sie zurück. Wobei das womöglich auch eine etwas naive Sicht ist, wenn nämlich die totalitäre Entgleisung seit 1789 im „Linkssein" eingeboren und von vornherein angelegt ist.

Schlimmer noch als diese Intoleranz der vermeintlich Toleranten (bekannt und leicht irreführend auch als die „Rückkehr des Faschismus unter der Flagge des Antifaschismus“ bezeichnet) ist das Wegsehen der anderen und dabei insbesondere derer in der Politik und den Medien.

Die neuen Totalitären gehen streng nach der Salamitaktik vor: Zuerst wurde den (national-) sozialistischen Geistesbrüdern der NPD und deren Artverwandten das Recht auf freie Meinungsäußerung bestritten. Das scheinheilige Motto: „Faschismus ist keine Meinung, sondern ein Verbrechen.“ Schon da hätte jeder Liberale und jeder Demokrat einschreiten müssen. Der Demokrat, weil Demokratie ohne Meinungsfreiheit zur Farce wie in der „Volksdemokratie“ wird, und der Liberale, weil mit der Meinungsfreiheit zwangsläufig das Eigentum angegriffen wird. Frei nach Voltaire hätten beide darauf bestehen müssen: „Ich verachte Ihre Meinung, aber ich werde alles dafür tun, dass Sie sie weiter (im Rahmen von Eigentum und Vertrag, fügt der Liberale hinzu) äußern dürfen.“ Doch niemand wollte sich „verdächtig“ machen, die Linken zudem aus Machtkalkül nicht und die Rechten aus Angst nicht – und weil es sie ja scheinbar nicht betrifft.

Die Schlinge wurde Stück für Stück enger gezogen. Fortan addierten sie zum „Meinungsverbrechen“ unausgesprochen den Zusatz: „Und wer Faschist ist, bestimmen wir.“ Veranstaltungen zum Beispiel von Christen gegen Abtreibung werden seither ebenso regelmäßig gesprengt oder verhindert wie Treffen von unabhängigen Konservativen oder in Köln insbesondere die Stände der dort starken Islamkritiker der Pro-Bewegung. Auch als man die Wirte am Rhein nötigte, diesen Andersdenkenden nicht einmal mehr ein Bier zu servieren, setzte sich niemand für die Menschlichkeit oder einen besonnenen Blick in die eigenen Geschichtsbücher ein – und jetzt waren wir eben bei der AfD angelangt.

Und wieder war es insbesondere die Presse, die in ihrer Wächterfunktion versagte. In Köln dominiert ein einziger Verlag die Domstadt, denn DuMont-Schauberg gehört das Boulevardblatt „Express“ ebenso wie die vorherrschende Lokalzeitung „Kölner Stadt-Anzeiger“. Beide haben bei den Aktionen gegen die Pro-Bewegung traurige Kapitel deutscher Pressegeschichte fortgeschrieben und die Totalitären noch angefeuert und ihnen applaudiert, statt auf dem Recht der Minderheit zu bestehen. Auf die Fresse statt freie Presse. Kölsche „Toleranz“ eben.

Und im Mai 2015 gegenüber der AfD? Der „Express“ berichtete über eine „abgesagte Veranstaltung“, ganz so, als ob diese in ferner Zukunft gelegen hätte. Die Kollegen vom „Stadt-Anzeiger“ nannten immerhin die Absage „kurzfristig“ – und zitieren so begeistert wie selektiv den Mob in den sozialen Medien: „Auf der Facebook-Seite der Deutzer Jugendherberge gibt es viel Lob für die Entscheidung, die Veranstaltung abzusagen. Mehr als 800 Nutzer klickten ‚Gefällt mir‘. ‚Respekt!‘, ‚Richtig gemacht‘ und ‚Dankeschön für die Courage‘ kommentieren mehrere Nutzer.“

Dass die Facebook-Seite von Beatrix von Storch zur selben Zeit alleine 13.500 „Gefällt mir“-Freunde hatte, sollten die Leser lieber nicht erfahren. Das Publikum hätte nachdenklich werden können.

Die AfD war an alledem nicht ganz unschuldig. Erinnern wir uns an den Bundestagswahlkampf 2013 und an Karl-Heinz Kuhlmann. Nachdem er von der Antifa als „rechts“ denunziert wurde und diese die örtliche AfD entsprechend unter Druck setzte, lud die Partei den Wissenschaftler kurz vor einer Veranstaltung – sic! – aus, nicht ohne sich zuvor mit dem AfD-Bundesvorstand abgesprochen zu haben.

Das war der Sündenfall der neuen Partei, und es sollte nicht der einzige bleiben. Bernd Lucke war hier immer gerne williger Helfer der Antifa, und doch hat es zuletzt auch ihn getroffen, als er auf einer Zugfahrt ausgerechnet von Kölner Fußballfans als Nazi geschmäht und lautstark zum Ausstieg aufgefordert wurde.

Von der neosozialistischen NPD waren wir also längst bei der konservativ-liberalen Abgeordneten Beatrix von Storch und dem scheinoppositionellen Parteiführer auf Abruf Bernd Lucke angekommen. Wer ist danach an der Reihe? Die Liberalen, die

Libertären? Wo endet die Salami? Im Gulag gibt es nur noch Gras zu essen.

Aus dieser Perspektive drängt sich die Erkenntnis über den historischen Auftrag der AfD nach dem Abgang von Lucke (der diese Bestimmung von Beginn an hintertrieben hatte) geradezu auf: Die AfD hat vielleicht nur einen Sinn und Zweck, auf den sich wirklich Liberale und echte Konservative schnell einigen können: die Zurückdrängung der staatlich alimentierten Gesinnungswächter sowie der politisch korrekten Droh- und Gewaltkulisse ihrer Sturmabteilung – und damit die Wiederherstellung der Meinungsfreiheit in Deutschland. Wenn die AfD dabei versagt, ist es vielleicht schon zu spät.

Parteitag in Essen – Republikaner als Referenz

Es kam, was kommen musste, und die Mehrheitsverhältnisse auf dem Parteitag, der schließlich vom 4. bis 5. Juli in Essen stattfand, waren deutlich. Lucke hatte als letzte taktische Volte einen Mitgliederparteitag anstelle eines Delegiertenparteitag durchgesetzt – er hatte ihn bekommen und erlebte sein Waterloo. Wir werden in einem späteren Kapitel darauf zurückkommen.

Die Spaltung der AfD ist nun vollzogen. Sie wurde oft und gerne mit dem beginnenden Ende von Franz Schönhuber als Parteivorsitzendem der Republikaner beim berüchtigten Parteitag in Ruhstorf 1990 verglichen. Es ist der falsche Bezug.

Viel näher an den Auseinandersetzungen in der AfD 2015 liegt die Spaltung der Republikaner 1985. Auch damals schrieb man das Jahr zwei nach Gründung der Partei (1983 statt 2013). Der heute längst vergessene Gründungsvorsitzende der Republikaner hieß Franz Handlos. Er kam von den Altparteien, saß vor dem Wechsel elf Jahre für die CSU im Bundestag. Auch er störte sich wie sein Nachfahre Lucke nicht grundsätzlich an der Fehlentwicklung des Parteiensystems, auch er war aus Wut über ein Symptom ausgetreten – in seinem Fall zielte sie nicht auf die teure Euro-Rettungspolitik Angela Merkels, sondern auf den von Franz Josef Strauß eingefädelten Milliardenkredit an die DDR.

Auch Franz Handlos brachte ein paar Mitstreiter aus den Altparteien ins neue Projekt – unter anderem seinen Stellvertreter und alten CSU-Bundestagskollegen Ekkehard Voigt. Und auch damals fand die Parteibasis aus viel grundsätzlicheren Erwägungen zur startenden liberal-konservativen Alternative. Ihr Star hieß nicht Petry oder Gauland oder Höcke oder von Storch, sondern Franz Schönhuber, stellvertretender Vorsitzender der jungen Partei.

Der wollte mehr und grundsätzlichere Kursänderungen als Handlos. Der ausgewiesene Bierzelt-Redner Schönhuber begeisterte die Parteibasis. Handlos stand hilflos da mit seinem Projekt CSU 2.0., während es ihm Monat für Monat entglitt. Handlos gab 1985 auf und überließ dem schließlich nicht mehr nur heimlichen Parteichef die Führung, während er selbst mit ein paar Getreuen eine „liberale und gemäßigte Abspaltung" ins Leben rief, die Freiheitliche Volkspartei (FVP), die danach nie über den Rang einer Kleinst-Splitterpartei hinauskam. Ihre wichtigste Hinterlassenschaft ist heute die „Junge Freiheit" des geschätzten Kollegen Dieter Stein, der sie damals als kleine Zeitung der Parteijugendorganisation gründete, bevor er sie zur großen unabhängigen Wochenzeitung ausbaute (die zuletzt – fast könnte man sagen: es schließt sich der Kreis – Bernd Lucke innerhalb der AfD vehement unterstützte).

Der zuvor unabhängige Fernsehjournalist Schönhuber und seine Rest-Republikaner starteten ohne den Ballast der um ihre Reputation bedachten Altparteiler richtig durch. Im Januar 1989 zog die Partei in Berlin erstmals in ein Landesparlament (7,5 Prozent) ein, im Juni 1989 ins Europaparlament (bundesweit 7,1 Prozent). Im Sommer 1989 waren sich alle Beobachter einig, dass das deutsche Parteiensystem fortan um einen rechten Flügel erweitert sei.

Dann kam der Herbst 1989, die Wende in der DDR – und Helmut Kohl machte in der Gunst der Stunde alles richtig. Jetzt wurde die Bundesrepublik erweitert – und nicht deren altes Parteiensystem, jedenfalls nicht nach rechts. Die Neubürger wählten die D-Mark und den Kanzler der Einheit. Die abtretende rote Machtelite tat ihren Kollegen West einen letzten wichtigen Dienst, indem sie auf ihrem Gebiet der Noch-DDR bis zur Vollendung der Einheit die Republikaner verbot. Ein Aufschrei? Fand auch damals nicht statt. Derart gehandicapt folgte der langsame Niedergang – verschuldet durch einen geschichtlich einmaligen Sonderfall und danach auch durch interne Querelen innerhalb der Fraktionen in Berlin und Straßburg. Ein Vierteljahrhundert später erst trat die AfD an, die nach wie vor freie und zwischenzeitlich größer gewordene Lücke im Parteiensystem zu füllen – die Geschichte wiederholt sich.

Natürlich gibt es auch Unterschiede. Franz Handlos war ein wenig sendungsbewusster, uncharismatischer, berechenbarer, grundsolider Parteigründer, der immer mit offenem Visier kämpfte. Hintertrieben agierte damals eher Schönhuber. Hier hatte der Hasardeur Lucke die Rollen ein wenig vertauscht.

Handlos fand nach dem gescheiterten Experiment mit der FVP zur FDP und damit zu den Altparteien zurück. Sein alter Spezi Voigt tat es ihm gleich. Und wer würde heute wetten, dass Bernd Lucke nach dem Harakiri mit seinem „Weckruf 2015“ und dem nun beginnenden Minipartei-Himmelfahrtskommando FVP 2.0 alias ALFA nicht anschließend auch zur FDP finden könnte?

Offen bleibt, ob auch den Rest-AfDlern eine geschichtliche Stunde Null (ein Krieg?) den vorgezeichneten Weg noch vermasselt, das übergroße Vakuum im Parteiensystem nach Jahrzehnten des Unterdrucks zu füllen. Dass Merkel wie Kohl sich eine solche Chance nicht entgehen ließe, steht außer Frage.

War es das?

Wir sind nicht mehr in den 80ern oder 90ern. Damals konnten die Medien eine „rechte Alternative“ noch verschmähen und niederdrücken. Doch die politische Klasse hat für allzu viele jede Glaubwürdigkeit verloren und das Totschlagargument „gegen rechts“ wird von immer mehr Menschen (inzwischen jedenfalls weit mehr als die nötigen fünf Prozent für Parlamentseinzüge) nur noch milde belächelt. Jede abfällige Schmähung von den abgehobenen rot-grünen Machthelikoptern wird einer klar positionierten AfD nur weiter Luft unter den Ballon blasen.

Ein liberaler Flügel innerhalb der AfD ist geblieben und könnte zukünftig unter anderem von Beatrix von Storch repräsentiert werden. Sie gilt in den Medien zwar als „erzkonservativ“, doch dort wird auch Adolf Hitler als „Rechter“ geführt, obschon Nationalismus und Sozialismus klassisch linke Ideologien sind und die Nazis sich im Bruderkampf von den Kommunisten in nichts unterschieden. Von Storch und einigen anderen in der neuen Führung ist durchaus zuzutrauen, die vom Freiheitsautor Roland Baader einmal formulierten liberalen Kernanliegen unserer Zeit einzubringen: die Entstaatlichung der Bildung und die Entstaatlichung des Geldes.

Gleichzeitig würde von Storch mit einer Verwirrung über den Liberalismus aufräumen. Für Liberale steht das private Eigentum immer am Beginn jeder Überlegung – und Staatskritik stets am Ende. Deshalb ist es auch ein Irrtum, wenn das „Recht auf Abtreibung“ als liberale Forderung gilt, wird damit doch ausgerechnet das Recht auf Leben als elementarstes Selbsteigentumsrecht des Menschen beschnitten. Bei der staatlich vollzogenen „Homoehe“ ist es nicht anders: Wie könnte der Ausbau des staatlichen Zugriffs im Eherecht auch noch auf Homosexuelle „liberal“ sein, wenn die Ehe doch eine ur-private und religiöse Angelegenheit ist, aus der sich die Politik besser heraushalten sollte? Beatrix von Storch mit ihrer Agenda könnte hier als

Vertreterin des kleinen liberalen Parteiflügels auch die liberale Diskussion vorantreiben, selbst wenn die Mainstreammedien sie weiter als „rechts“ abtun – aber wen interessiert eigentlich noch, mit welchem Spiele-Kompass „Spiegel“- oder „Bild“-Journalisten ihre kleine heile Scheinwelt einnorden?

Zurück zur Mehrheits-AfD: So wie sich einst die zunächst sehr heterogenen Grünen von ihrem wertkonservativen Gründer und Übervater Herbert Gruhl trennten, um als damals zeitgeistige linksökologische Partei erst richtig durchzustarten, so kann die AfD nach Lucke auch die nationalkonservative Lücke in der Parteienlandschaft füllen.

Lucke wird weiter in den Talkshows sitzen und über die Entwicklung der Partei lamentieren, wie es einst auch Gruhl nicht anders übrig blieb. Wie dieser mit der ÖDP wird Luckes Neugründung ALFA scheitern. Eine CDU 2.0 brauchte schon damals keiner. Und die AfD wird bald auf ihren Gründervater blicken wie die Grünen auf Herbert Gruhl: mit einem milden Lächeln.

III. Fall: Angesagte Spaltung

Nebentatort Hayek-Gesellschaft

1998 war ein Gründerjahr. Die kleine libertäre Zeitschrift *eigentümlich frei* erblickte – damals noch als Vierteljahresmagazin – in Grevenbroich das Licht der Welt. In Berlin hob Initiator Gerd Habermann die Friedrich-A.-von-Hayek-Gesellschaft aus der Taufe, in der sich Liberale verschiedener Strömungen vernetzen sollten. Beide Projekte sollten in den kommenden 17 Jahren wachsen und gedeihen.

Seit 2011 wurde die Hayek-Gesellschaft von der Publizistin Karen Horn geleitet. Bis Ende 2014 tat sie dies harmonisch und offenbar glücklich, dann aber entwarf sie sich selbst quasi neu als linksliberale Kämpferin gegen „Rechtstendenzen im Liberalismus". Fortan hatte sie in unzähligen Vorträgen und Zeitschriftenartikeln eigentlich nur noch dieses eine Thema – und der Angriff richtete sich nach innen, gegen andere Mitglieder der von ihr geführten Hayek-Gesellschaft. Am 26. Juni auf der Mitgliederversammlung in Leipzig erreichte die Auseinandersetzung ihren Höhepunkt.

Horn musste feststellen, dass etwa zwei Drittel der Versammelten sich gegen sie stellten. Am 14. Juli trat sie öffentlichkeitswirksam mit etwa 50 weiteren Mitgliedern aus der Gesellschaft aus.

Warum das alles? Folgt man dem Anwalt und Publizisten Carlos A. Gebauer, ging es womöglich wie so oft in Kriminalfällen und der Politik weniger um Inhalte als vielmehr ums Geld. Hatte Karen Horn schlicht erfolglos geputscht? Und war ihr Griff nach der Kasse bloß gescheitert? Gebauer weiß, wovon er spricht, er hatte die denkwürdige Mitgliederversammlung teilweise moderiert. Warum nur, fragt er sich, „wurde nach dem 26. Juni überall ein Bild gezeichnet, als habe man dort kurz vor einer Massenschlägerei gestanden? Wie plausibel wäre dies, wenn doch die Vorsitzende gleich anschließend die üblichen Hayek-Tage wie gewohnt gesittet, professionell, samt Medaillenvergabe und Festbankett, absolvierte?“

Gebauers Verdacht: „Karen Horn hatte den Plan, nicht nur die operativ tätige Hayek-Gesellschaft an einen engeren eigenen Zügel zu legen; ihre Absicht war auch, die geldgebende Hayek-Stiftung mittelfristig unter ihre eigene Kontrolle zu bringen. Dafür sprechen nicht nur die geplanten Satzungsänderungen für die Gesellschaft. Dafür spricht auch die beabsichtigte personelle Erweiterung der Stiftungsgremien, die sie ins Werk setzte. Sollte dieser Verdacht zutreffen, dann würde jedenfalls die plötzliche Hektik verständlich, mit der parallel zu den turnusmäßigen Hayek-Tagen und der Mitgliederversammlung von Karen Horn im Hintergrund auch eiligst zu einer Sondersitzung des Stiftungsrates einberufen wurde, um von einem auf den anderen Tag dessen Satzung zu ändern. Mit der breiten Aufforderung an sie, ihren Platz zu räumen, drohten ihr auf einmal die Zügel zu entgleiten.“

In einer Email, die Karen Horn am Freitag, dem 26. Juni 2015, um 8.00 Uhr absandte, hieß es: „Aus dringlichen Gründen gemäß der Satzung der Friedrich A. von Hayek-Stiftung für eine freie Gesellschaft lädt Prof. Dr. Wernhard Möschel, dessen Postillon ich hiermit ausnahmsweise sein darf, zu einer Stiftungsratssitzung im Steigenberger Grandhotel in Leipzig ein, am 27. Juni 2015 um 8:30 Uhr im Frühstücksraum.“ Als Tagesordnung sollte beschlossen werden, Mitglieder der Hayek-Gesellschaft sollten fortan nicht mehr dem Vorstand oder dem Stiftungsrat der Stiftung angehören dürfen. An Stelle von Karen Horn sollte Gerhard Wegner in den Stiftungsrat aufgenommen und an Stelle von Klaus Günther sollten Michael Zöller und Lars Feld neue Mitglieder des Stiftungsvorstandes werden.

Gebauer zeichnet den Putsch nach: „Alle diese Beschlüsse waren im Hotel-Frühstücksraum vorgesehen, obwohl an diesem Samstag nur 90 Minuten später, um 10.00 Uhr, in der Alten Börse der reguläre Ablauf der Hayek-Tage seinen Fortgang nehmen sollte. Warum plötzlich diese Hektik von Freitag auf Samstag, mit einem Vorlauf von nur 24 Stunden? Warum nun diese extreme Eile von einem auf den anderen Tag, obwohl Karen Horn der Gesellschaft zu diesem Zeitpunkt doch schon seit Jahren vorstand?“

Diese Vorgänge wurden dann in der Mitgliederversammlung am Freitagvormittag thematisiert. Und sie sorgten für Unruhe. Zu Übergriffen aber kam es nicht. Es blieb, so Gebauer trocken, „bei nordmitteleuropäischer, verbaler Empörung“. In dem Bestreben, Schaden von der Gesellschaft abzuwenden, habe Gebauer dann zwischen dem 30. Juni und dem 13. Juli 2015 „ungezählte Gespräche geführt und Kompromisse vorgeschlagen. All dies fruchtete nicht. Wie die Welt seit dem 14. Juli 2015 weiß, sind jene beiden Wochen augenscheinlich genutzt worden, um medienwirksam den konzertierten Austritt von rund 13 Prozent der Mitglieder zu orchestrieren.“

Warum all das, fragt schließlich Gebauer: „Nur wegen des Geldes der Stiftung?“ Er spekuliert: „Die medial professionell in Szene gesetzte Darstellung über eine vom Mob gestörte Versammlung mag danach verschleiern, dass die handstreichartig feindliche Übernahme von Gesellschaft und Stiftung fehlgeschlagen ist.“

Soweit hier die kriminalistische Betrachtung. Für die politische sollten wir etwas weiter ausholen. Beginnen wir mit einem Beispiel aus der Argumentationskiste von Karen Horn, womit sie „Rechtstendenzen“ kenntlich machen wollte, der Haltung zum Ehegattensplitting.

Unter anderem in einem Artikel der „Frankfurter Allgemeinen Sonntagszeitung“ hatte sie über „die rechte Flanke der Liberalen“ geschrieben. Im gleichnamigen Artikel behauptet Horn, die „steuerliche Privilegierung von ehelichen Bindungen, zumal via Ehegattensplitting von Alleinverdiener-Ehen, widerspricht dem liberalen Denken“.

Beispielhaft wollen wir in dieser Frage den Argumentationsfehler suchen: Erstens steht jede „steuerliche Privilegierung“

– also Steuerminderung – auch und gerade in Zeiten der völlig verfetteten Staatsapparate nicht im Widerspruch zum liberalen Denken. Sie ist vielmehr Ausdruck davon: Jede Steuerminderung – vulgo: Privilegierung – ist richtig und jede Steuerangleichung nach oben falsch. Eine Steuerminderung ohne Privilegierung ist auch überhaupt nicht möglich. Immer trifft es den einen direkt und den anderen nur indirekt. Es kann keine Steuersenkung geben, die alle gleichermaßen entlastet. Und auch eine Steuererhöhung trifft nie nur eine Gruppe direkt, sondern immer auch andere indirekt.

Wenn FDP und CSU zum Beispiel 2009 die Mehrwertsteuer für Hotelübernachtungen gesenkt haben, so war das marketingtechnisch vielleicht ein Fehler, prinzipiell aber, zumal aus freiheitlicher Sicht, eine höchst vernünftige Entscheidung. Sie hilft direkt den Hotelbetreibern und indirekt dadurch deren Kunden und Zulieferern. Denn die Marktwirtschaft ist eine höchst effiziente und gerechte Geldverteilungsmaschine. Reichtum sickert durch. Liberale sollten das wissen.

Von Steuerminderungen für Verheiratete profitieren so immer auch Unverheiratete. Jede Steuersenkung und jede Steuerminderung – ob für Hotelbetreiber, Kaninchenzüchter, fahrradfahrende Linkshänder, Schwule oder Familien – ist gut. Jede Steuererhöhung ist schlecht und abzulehnen. Bei allen Steuererhöhungen gewinnen nur die Nettostaatsprofiteure. Bei allen Steuersenkungen profitieren die Nettosteuerzahler.

Kommen wir damit zum zweiten Irrtum. Ehegattensplitting ist nicht nur eine Form der Steuerminderung. Es kommt eine zutiefst liberale Gerechtigkeitserwägung hinzu: Eheleute haben fast immer eine gemeinsame Familienkasse. Sie verwenden zusammen ein Gesamteinkommen, wobei es keine Rolle spielt, wer bei welcher Arbeitsteilung wie viel direkt erzielt und wer anderweitig bei gemeinsamen Aufgaben hilft. Früher kümmerte sich im Normalfall die Frau um Haushalt und Kinder, während der Mann arbeitete und das Geld hereinholte. Eine solche Arbeitsteilung funktioniert heute meist nicht mehr, weil aufgrund gestiegener Steuer- und Abgabenlasten ein Nettoeinkommen alleine kaum mehr ausreicht, eine Familie zu ernähren. Geschweige denn, ein Haus zu bauen und auch noch jährlich zweimal gemeinsam in den Urlaub zu fahren, wie wir es bei Opa (werktätig, Normalverdiener) und Oma (Hausfrau und Mutter) noch bewundern durften.

Inzwischen haben die Nettostaatsprofiteure den Frauen gut zugeredet, bei Erwerb und Steuerlast doch bitte fleißig mitzuhelfen. Das Ehegattensplitting blieb jedoch aus Gerechtigkeitsgründen bestehen, so dass es bei der Errechnung der gemeinsamen Steuerlast immer noch keine Rolle spielt, ob die eine Familienkasse durch nur ein Einkommen mit 60.000 Euro genährt wird oder die andere mit zwei Einkommen in Höhe von je 30.000 Euro. Beide zahlen dank Ehegattensplitting genau gleich viel Steuern.

Wer hier wie Claudia Roth oder Karen Horn die gemeinsame Rechengrundlage abschaffen möchte, der redet nicht nur einer partiellen Steuererhöhung das Wort, sondern der sorgt auch dafür, dass der Einverdiener-Haushalt zukünftig willkürlich höher belastet wird als die Mehrverdiener-Familie, womit dann ein Lebensmodell steuerlich bevorzugt würde und das andere bestraft. Frau Roth macht aus dieser Absicht keinen Hehl. Aber ist sie liberal?

Karen Horn weiß es eigentlich besser, schreibt sie doch im gleichen Artikel höchstselbst, erstens: „Den anderen annehmen und sein zu lassen, wie und was er ist und sein wird, ihn nicht zu bedrängen, ihm seine Überzeugung und seinen Lebensentwurf weder mittels staatlichem Zwang zu verbieten oder zu erschweren noch ihm diesen austreiben zu wollen – all das macht eine freiheitliche Haltung aus.“ Zweitens: „Liberalität bedeutet, dass man sein Gegenüber zu nichts zwingt und auch die Mittel des Staats nicht dazu einsetzt.“ Und Horn zum Dritten: „Eine liberale Haltung bedeutet den Verzicht auf Übergriffigkeit.“ Alles gut und richtig, nur bitte dann auch im Konkreten anzuwenden. Oder noch einmal mit den schlauen Worten der Autorin: „Man tut gut daran, die eigene Position immer wieder zu überprüfen.“

Karen Horn aber tat dies nicht. Sie schrieb nur immer weitere Artikel mit Argumentionen von ähnlichem Kaliber. Der Publizist und Übersetzer Robert Grözinger, auch Mitglied der Hayek-Gesellschaft, macht auf einen weiteren Artikel von Karen Horn im Magazin „Schweizer Monat“ aufmerksam und weist auf einen „großen Lacher“ hin: „Der deutschen FDP, so Horn, habe es geschadet, ihr Erscheinungsbild auf eine Steuersenkungsfraktion zu verkürzen.“ Das, so Grözinger, ist natürlich „absoluter Quatsch. 2009 bekam die FDP ihr historisch bestes Ergebnis, als sie sich als Steuersenkungs- und Hartwährungspartei positionierte und profilierte. Eine Wahl später fuhr die Partei ihr historisch schlechtestes Ergebnis samt Rauswurf aus dem Bundestag ein, nachdem sie in den Koalitionsverhandlungen 2009 erst die Steuersenkungen fast völlig über Bord warf und in den Folgejahren auch noch der Aufweichung des Euro zustimmte. Was Horn hätte sagen können, aber nicht tut, ist dies: Die FDP ist mit ihrer Verengung auf Steuersenkung an der Staatsräson gescheitert, nun versucht sie es, solcherart gezähmt, mit Fortschrittlichkeit.“

In allen ihren Beiträgen und zunehmend nach ihrem Austritt wirft Horn ihren angeblich konservativen oder rechten Widersachern ein schlechtes Benehmen vor. Grözinger aber weist darauf hin, dass „auch die Frage des Benimms eine Frage ist, die an den Eigentümer zu richten“ sei: „Freiheitsrechte sind letzten Endes Eigentumsrechte. Die Frage des Benimms ist also eine zweitrangige, bei Horn steht sie seltsamerweise aber an erster Stelle. Ist bei manchen Liberalen die Frage des Benimms unklar, so wissen Sozialisten ganz genau, wie sie sich zu benehmen haben: das Schockieren, das Austesten von Grenzen, das Zerstören, das Lächerlichmachen – das alles und viel mehr haben sie in 200 Jahren perfektioniert. Sie wissen genau, wie sie solche Verhaltensweisen instrumentalisieren können. Sie wissen genau, wie weit sie progressiv vorgehen dürfen, abgesehen von einigen Novizen, die hier und dort überziehen und meist höchstens mit einem blauen Auge davonkommen. Angesichts solcher Verhaltensweisen, die dazu dienen, Eigentumsrechte ohne ehrliche Debatte einzuschränken, schlägt Horn lediglich vor, die Ergebnisse zu verlachen. Eine Strategie, die ganz offenbar ins Nichts führt."

Karen Horn, so Grözinger weiter, beschwere sich „über ein paar deplazierte Bemerkungen im Netz, die den Liberalismus in Verruf bringen könnten. Dabei hat sogar Jesus, die personifizierte Liebe, gewisse Leute Nattern und Schlangenbrut genannt und mit einer Geißel aus Stricken die Händler aus dem Tempel vertrieben, weil sie sich nicht an die Gesetze des Eigentümers, seines Vaters, hielten. Nun kann man unterschiedlicher Meinung darüber sein, ob und was Jesus wirklich war. Unstrittig ist aber, dass ein Eigentümer mit seinem Eigentum machen kann, was er will, sonst ist er per Definition kein Eigentümer mehr." Auch für Grözinger „bleibt die Frage, was Horn mit ihrem merkwürdigen, widersprüchlichen Vorstoß eigentlich bezweckt hat, und ob sie wirklich allein aus eigenem Antrieb handelte".

Der Antwort kommen wir detektivisch womöglich näher, wenn wir Karen Horns Austritt aus der Hayek-Gesellschaft mit dem Austritt von Bernd Lucke aus der AfD vergleichen, in einem gesonderten Kapitel.

Musterfall Hayek und die AfD

Spaltung, wohin man auch schaut: Grob gesehen gibt es heute zwei Gruppen von Menschen in Deutschland, die immer weniger gemeinsam haben. Die einen konsumieren Mainstreammedien und wählen etablierte Parteien. Sie glauben, auch wenn es sicher im Detail noch etwas zu verbessern gäbe, im wesentlichen zu einer vergleichsweise glücklichen Zeit in einem bei allen Problemen doch recht gut verfassten Staat zu leben. Besser als bei Putin ist es allemale, wissen sie. Natürlich sehen sie auch Gefahren. Die Politiker, die sie wählen, warnen ja auch oft davor, und die Zeitungen, die sie lesen, erklären sie ständig. Etwa die immer lauernde Gefahr von rechts oder der Klimawandel – da können es diese Leute durchaus mit der Angst bekommen. Manchmal sind sie auch wütend, über die immer noch fehlende Gleichberechtigung der Frauen etwa, oder über die ständige Diskriminierung von Ausländern und Homosexuellen. Sowas regt diese Menschen wirklich auf, da muss man doch gemeinsam etwas tun. Notfalls mit einem Aufstand der Anständigen.

Und dann gibt es die anderen, die all das nur noch für einen schlechten Witz halten. Die meinen, dass dieses Land mit seinen schwulen Ampelmännchen, den Toiletten fürs Dritt- und Viertgeschlecht, dem zentralplanwirtschaftlichen Diktat von Löhnen und Mietpreisen, den Herren Professorinnen mit ihren auch schlafend noch Studierenden ziemlich verrückt geworden ist und Gefahren beschwört, die frei erfunden sind, und Probleme, die es gar nicht gibt, während die abgründige Entwicklung von den Mächtigen in Politik und Medien verschleiert und immer bedrohlicher wird. Sie glauben, dass spätere Generationen unser Zeitalter einmal die „Satirezeit" nennen könnten und ein neuer Totalitarismus darauf zu folgen droht. Auf dem Weg dahin, sagen sie, sind wir in unserem Überwachungs-, Betreuungs- und Gesinnungsstaat bereits weit vorangeschritten. Diese Menschen glauben auch nicht mehr an die Mär vom freien Westen. Putin, gewiss kein Engel, hat weit weniger Kriege verursacht mit weit weniger Opfern auf dem Gewissen als die US-Präsidenten seiner Zeit. Nein, diese Leute wissen, dass die Freiheit hier in Deutschland und im Westen selbst in größter Gefahr ist und täglich weiter kleine Freiheiten verschwinden, lange schon das Bankgeheimnis, bald vielleicht auch noch das Bargeld, um zwei Verluste nur zu nennen. Sie lesen und schauen schon lange nicht mehr die Massenmedien, die ohnehin alle dasselbe schreiben und senden. Sie haben sich längst alternative Medienangebote geschaffen. Und sie vertrauen auch nicht mehr den Altparteien, sondern bleiben am Wahltag zu Hause oder sind auf der Suche nach parteipolitischen Wahlalternativen wie zuletzt der AfD.

Beide Gruppen von Menschen leben in Parallelwelten, die immer weiter auseinandergleiten. Doch manchmal, übergangsweise und wohl irgendwie versehentlich, weil in der Gründungsabsicht unklar, finden Menschen aus beiden Gruppen auch in ein und derselben Organisation zusammen. Etwa seit 17 Jahren in der kleinen, feinen liberalen Hayek-Gesellschaft. Oder seit drei Jahren in der neuen Protestpartei Alternative für Deutschland (AfD). Dann sind Zerwürfnisse alleine schon aus Unverständnis gegenüber „der Welt der anderen“ vorprogrammiert.

Beide Gruppen sind streng genommen kein aktuelles Phänomen – das ist nur die jeweilige Ausprägung. Es gibt sie beide eigentlich immer, die – nennen wir sie doch einmal so – Angepassten und die Aufständischen. Oder mit anderen Worten: die Systemprofiteure und die Systemoppositionellen. Vor 50 Jahren zum Beispiel waren die Erstgenannten in den etablierten Parteien und Medien, die im Staatsdienst tätig waren oder von den Verbänden organisiert waren, vergleichsweise konservativ. Damals wurde von ihnen die „Gefahr von links“ beschworen. Und die so vom Diskurs Ausgeschlossenen wiederum, die grundsätzlich unzufrieden waren und prinzipielle Änderungen verlangten, schufen sich ihre eigene Gegenöffentlichkeit. Sie sammelten sich zum Beispiel im Sozialistischen Deutschen Studentenbund (SDS) und lasen Zeitschriften wie „Kursbuch“, „Konkret“ oder „St. Pauli-Nachrichten“. Auch der „Spiegel“ zählte wohl zunächst dazu, bevor er weit früher als der Rest der Szene die Seiten wechselte, um fortan selbst zum Establishment zu gehören.

Die Helden der Herausforderer Mitte der 60er in der Bundesrepublik hießen Hermann Hesse, Rudi Dutschke und Che Guevara, Intellektuelle lasen Marx und Mao, Marcuse und Horkheimer, Freud und Reich. Es folgte der lange Marsch durch die Institutionen und schließlich die Machtübernahme. Heute kommt die Herausforderung von der anderen Seite – ihre Medien heißen jetzt zum Beispiel *eigentümlich frei* oder „Junge Freiheit", die Helden Akif Pirinçci, Thilo Sarrazin oder Roland Baader, und manche lesen auch weiter bei Hayek, Röpke, Mises und Rothbard oder Jünger und Schmitt. Heute wie damals ist es eine sehr heterogene, zuweilen in sich widersprüchliche Opposition.

Dann geht doch nach drüben, ihr langhaarigen linken Bombenleger, fauchte das Establishment damals zurück. Heute nennt man die Aufständischen „Internettrolle", „Putinversteher" und vor allem „Rechte". Wobei letzteres nicht irgendeiner philosophischen Analyse dienen soll, sondern als Codewort für den Ausschluss aus dem Diskurskanon der Etablierten dient.

Der Liberalismus steht im Grunde zu jeder Zeit auf der Seite der Opposition gegen das verkrustete System, weshalb er vor 50 Jahren eher „links" auftrat und heute meist „rechts". Ein anschauliches Beispiel ist der radikalliberale amerikanische Vordenker Murray Rothbard, der Mitte der 60er Jahre den Kontakt mit der „Neuen Linken" suchte, sich nach deren Machtübernahme aber angewidert abwandte und fortan mit alten Konservativen zusammenarbeitete.

Man kann die Geschichte von „links" und „rechts" auch mit Erik von Kuehnelt-Leddihn ganz anders erzählen. Nach ihm ist das Totalitäre im Linken und Progressiven (wozu er auch mit einiger Berechtigung den historischen Nationalsozialismus zählt) seit 1789 bereits im Kern angelegt, weshalb Konservative und Liberale oder Reaktionäre und Libertäre so gesehen als „Rechte" gegen diesen tendenziell totalitären Angriff stehen. Für diesen Ansatz spricht, dass zwar vieles – einige Strukturen und manches Denken – in den 60ern „verkrustet" gewesen ist, aber der Staat drohte damals sicher nicht wie heute nach der linken Machtübernahme in einen neuen politisch korrekten Totalitarismus abzugleiten.

Nicht nur die politphilosophischen Inhalte scheiden zwischen Angepassten und Aufständischen, sondern auch die Soziologie. Das Sein bestimmt das Bewusstsein, wusste Marx. Und er hatte recht, ganz unabhängig davon, dass natürlich auch umgekehrt das Bewusstsein das Sein und also das Wollen das Werden beeinflusst. Auffällig ist deshalb, dass auf der Seite der Systemopposition in den 60ern wie heute die ganz Alten und die Jungen stehen, während die Besitzstandswahrer natürlicherweise in den mittleren Altersgruppen zu finden sind. Und kinderlose Frauen werden heute eher mal zu Anhängern des zeitgeistigen Feminismus und der Gender-Ideologie als Mütter in glücklichen Familien.

Mehr noch: Beamte und Angestellte im öffentlichen Dienst sowie in staatsnahen, subventionierten Unternehmen und Branchen, kurz also die Nettostaatsprofiteure, verteidigen naturgemäß das System, während insbesondere Familienunternehmer und der selbständige Mittelstand als ausgebeutete Nettosteuerzahler bereit sind, dagegen aufzustehen. Partei- und mediensoziologisch betrachtet verstehen sich die Etablierten als stützender Teil des bestehenden Systems, die Alternativen aber als an die Wurzel der Probleme gehende Opposition.

Womit wir zu den Turbulenzen in der Partei Alternative für Deutschland (AfD) und der kleinen liberalen Friedrich-A.-von-Hayek-Gesellschaft zurückkommen. Beide sind von Hause aus inhaltlich und programmatisch recht breit aufgestellt. Die konservativ-liberale Protestpartei zog Überläufer aus den etablierten Parteien auf der Suche nach der schnellen Karriere ebenso an wie System-Oppositionelle, die nie in einer Partei waren oder sich in Klein- und Kleinstparteien aufrieben. Dem liberalen Hayek-Verein gehören staatsangestellte Hochschulprofessoren an und freie Unternehmer sowie Journalisten sowohl aus dem Mainstream als auch von alternativen Medien. Ein buntes Völkchen fand hier wie dort zusammen, mithin eben auch sowohl Angepasste wie Aufständische, Leser von „taz“ und „FAZ“ in einer Organisation mit Lesern von *eigentümlich frei* und „Junger Freiheit“. In den Augen der jeweils anderen sind das dort die „Gläubigen“ der „Presstituierten“ in der „Lügenpresse“ und hier die „Verdächtigen“ des „rechten Randes“.

Symptom des Konflikts, aber eben nicht die eigentliche Ursache, war das ausgeprägte Machtstreben der agierenden Führungspersönlichkeiten. Die 2013 gegründete Partei und der seit 1998 bestehende Verein wurden zunächst einvernehmlich von einem Leitungsgremium geführt. Dort drei formal gleichberechtigte Sprecher der AfD, hier eine Vorstandsvorsitzende der Gesellschaft sowie ein Vorstandsvorsitzender der mit ihr eng verbundenen Stiftung.

Doch die gemeinsame Führung war jeweils einem nicht genug, sie wollten die ganze Macht für sich allein. Und so machten sich Bernd Lucke in der AfD und Karen Horn in der Hayek-Gesellschaft daran, Geschäftsordnungen und Satzungen zu überarbeiten. Aktiv versuchten sie nun als Freunde des Establishments, die andersdenkenden Systemoppositionellen aus ihrer jeweiligen Organisation herauszudrängen oder Hürden so zu errichten, dass neue Mitglieder zukünftig auf Herz und Nieren geprüft werden. Widersacher von Lucke und Horn witterten zuweilen Stasi-Methoden.

Beide begannen oder forcierten die internen Säuberungsversuche interessanterweise zum selben Zeitpunkt, nämlich im Dezember 2014. Das betroffene Umfeld spricht jeweils davon, dass man Lucke und Horn plötzlich in ihrem Eifer „kaum mehr wiedererkannte“.

Pegida stand in diesen Tagen im Zenit. Zehntausende marschierten durch Dresden gegen die „Maulwerker“ in der Politik und deren Freunde von der „Lügenpresse“. Für einen historischen Moment waren die somit Herausgeforderten sprach- und ratlos. Sie hatten es erst mit Totschweigen, dann mit massiver Denunziation versucht, dieselbe Methode wie immer also, aber es wurden jeden Montag nur immer mehr Menschen in Dresden, die sich anschlossen und das System herausforderten. Nicht einmal reden wollten sie mit Politik oder Medien, sie haben einfach den Gehorsam verweigert. Und nun müssen wir uns in die Lage des früheren Weltbank-Beraters Lucke oder der früheren „FAZ"-Journalistin Karen Horn versetzen, die beide seit vielen Jahren in Berlin und Washington bestens vernetzt sind und dort in Kreisen verkehren, in denen zum Beispiel Redakteuren von *eigentümlich frei* der Champagner eher selten ausgeschenkt wird. Diese Leute haben dann erschreckt festgestellt, dass Pegida gewissermaßen auch schon in ihren eigenen Läden tobt, in der Form, dass auch in der AfD oder der Hayek-Gesellschaft zum Beispiel das Schuld- und Scheingeldsystem oder der Gender-Wahn oder der menschengemachte Klimawandel in Frage gestellt wurden, also das, was heute den Herrschenden hoch und heilig ist und womit Milliarden umverteilt werden. Und nun haben sie reagiert. Sie wollten diese Systemoppositionellen herausdrängen und brandmarken. Und interessanterweise haben beide Alles-oder-nichts gespielt, das heißt, als sie verloren hatten, sind sie selbst gegangen, quasi auf eigene Kosten. Wichtiger als der Sieg war die Trennung.

Und beide – Lucke und Horn – bemühten auch zuvor schon weitgehend dieselben Argumente und manchmal auch dieselben Vokabeln für die eher Eckigen und Kantigen in ihren Reihen, von denen sie sich nun „abgrenzen" und also trennen wollten. Lucke in Interviews und nächtlichen Mails an die Mitglieder sowie Horn in Artikeln und Briefen innerhalb der Hayek-Gesellschaft sprachen von „schlechtem Stil" in „Facebook-Gruppen und anderen sozialen Netzwerken" (Lucke nannte das „unterirdisch", Horn witterte „Scheinwelten" und „Müll"). Und beide meinten Konservative ebenso wie Liberale (Lucke nennt sie „Antietatisten"), wenn sie von „Reaktionären" und „Libertären" sprechen, die sie gemeinsam als „rechten Rand" kennzeichnen. Lucke wie Horn würden vermutlich auch dieser Analyse soweit zustimmen, als sie doch selber die „Systemfrage" mehrfach zur Scheidelinie erklärt haben.

Auffällig ist, dass Lucke und Horn wie ihre linken Geistesbrüder bei den Grünen und anderswo gerne „mehr Toleranz" und „weniger Diskriminierung“ einfordern. Doch während die von ihnen Gemobbten in ihren Organisationen nur gleichberechtigt mitreden mochten, wollte Lucke vorherige Mitglieder aus Kleinparteien mit geheimdienstlichen Methoden überprüfen, während frühere Mitglieder aus etablierten Parteien (inklusive Grünen und Linken) per se auf das Herzlichste willkommen gewesen waren – und Horn freute sich über die Angabe der Hayek-Mitgliedschaft von Autoren in den Mainstreammedien, wollte diese in alternativen Medien aber unterbinden.

Demokratiekritik, da waren sich beide einig, „geht gar nicht“, mag auch mancher noble Vordenker wie Friedrich August von Hayek dazu bemerkenswerte und durchaus vernünftige Vorschläge gemacht haben wie etwa den Entzug des Wahlrechts für Nettostaatsprofiteure. Aber so weit durfte und sollte, wenn es nach Lucke und Horn ging, in ihren Organisationen niemand mehr zu denken wagen.

Und so mussten in Leipzig die Hayek-Freunde und eine Woche später in Essen die Mitglieder der AfD eine Entscheidung fällen, ob sie fortan Vorfeldorganisation des Establishments sein wollten und sich also gerne den Mund verbieten ließen – oder ob sie die Freiheit der Gedanken einforderten, wirklichen Pluralismus und die Offenheit des Geistes, wenigstens für die nächste Zeit. Beide haben sich für die Freiheit entschieden.

Vor zehn Jahren noch wären Horn und Lucke mit ihrem Putsch gegen die eigenen Mitglieder durchgekommen. Doch die „Internet-Reformation“, wie der Autor Robert Grözinger die jüngste Entwicklung in Analogie zu den Verwerfungen nach der Erfindung des Buchdrucks nennt, machte eine effektive Vernetzung der Basis möglich, mit der auch die hinter den überehrgeizigen Salonliberalen stehenden Berater so wohl nicht gerechnet hatten.

Sie scheiterten, weil Horn und Lucke ihrer integrierenden Führungsaufgabe für jeden sichtbar nicht gerecht wurden, indem sie gegen einen Teil der eigenen Mitglieder hetzten, statt sich schützend vor sie zu stellen. Gefangen in ihrem mainstreamigen Milieu und bestärkt von den immer gleichen Politikern und Medien mit deren allenfalls noch selektiver Wirklichkeitswahrnehmung verstanden beide auch nicht, dass und warum die für sie gar nicht mehr erreichbare „alternative Szene“ mit jeder neuen surrealen Nachricht und mit jeder neuen Kurve auf der politischen Interventionsspirale nur immer größer wird. Verglichen mit der Situation Mitte der 60er befinden wir uns eben noch in den anschwellenden Jahren 1965 und 1966 – und nicht bereits 1968.

Dass Lucke und Horn tatsächlich mit ihrem Putsch gegen die eigene Basis scheiterten, ist ein erstes und deutliches Zeichen dafür, dass der jede Vernunft erstickende linke Zeitgeist doch überwunden werden kann.

In gewisser Weise war der Ausgang dennoch zufällig und eher glücklich. Damit war jedenfalls so nicht zu rechnen, waren beide doch unangefochtene Vorsitzende. Aber dann haben Lucke und Horn schwere taktische Fehler gemacht, und im genau richtigen Moment – ein bisschen eben auch zufällig, was diesen glücklichen Moment betrifft – wurden dann beide von mutigen Männern herausgefordert. Die haben den Job des Königsmörders übernommen, den einem normalerweise niemand dankt. Dafür müssen auch die Liberalen in der AfD Höckes und Poggenbergs Flügel ewig dankbar sein. Und die Hayek-Gesellschaft müsste eigentlich alle 25 Unterzeichner der Rücktrittsforderung an Karen Horn mit der Hayek-Medaille auszeichnen, so sehr haben diese sich verdient gemacht. Wären diese Gegenbewegungen nicht gewesen, wäre der Putsch von oben in beiden Fällen wohl gelungen.

Die Mehrheit beim größten Parteitag in der Geschichte der Bundesrepublik sowie bei der bestbesuchten Mitgliederversammlung der Hayek-Gesellschaft lag schließlich jeweils bei deutlichen 60 Prozent gegen den Putschversuch von oben. Lucke und Horn deuteten schnell die Gründung von neuen Vereinigungen an, die sie „rein“ halten wollen von denen, die sie als „rechts“ bezeichnen, weil dies das Codewort des Establishments für jene Schmuddelkinder ist, die außerhalb des öffentlichen Diskurses gehalten werden müssen. Dass diese Minderheit größer geworden ist, als von den Denunzianten geglaubt, sorgte für die nicht erwartete Niederlage und den nötigen Neubeginn unter vorläufigen Namen wie „Weckruf" und „Erklärung Leipzig".

Natürlich ging es den Putschisten von oben bei allen politischen Vorwänden nicht zuletzt um den Zugriff auf die Kassen – dort alleine im Jahr 2015 fünf Millionen Euro staatliche Wahlkampfkostenerstattung für die AfD, hier eine millionenschwere Stiftung als Partner der Hayek-Gesellschaft. Auch dieser Coup ist gescheitert, so sehr sie sich auch trickreich darum mühten. Lucke und Horn erhielten publizistische Schützenhilfe – es langte dennoch nicht mehr. Denn die Gruppe der von den Blockmedien gar nicht mehr Erreichbaren hat sich zwischenzeitlich in alternativen Medien und Projekten selbst immer besser organisiert – und niemand hatte die Establishment-Freunde vor der Gefahr des Scheiterns gewarnt. Wie auch, wenn sie sich immer noch ausschließlich von Tagesschau, „Spiegel", „Bild" und Co informieren lassen?

Die Worte, die Bernd Lucke während seiner Pressekonferenz nach dem Parteitag wählte, und jene, die Karen Horn in ihrer Erklärung zum Austritt gebraucht, sind nahezu identisch. Karen Horn forderte die schon sprichwörtliche „Abgrenzung nach rechts", denunzierte entsprechend Andersdenkende, scheiterte mit dem Putsch und trat danach öffentlichkeitswirksam aus. Sie beabsichtigt eine Konkurrenzgründung und bezichtigt den verbliebenen Teil – 80 Prozent sind geblieben – als „pöbelnd" und „rechtsversifft". Bernd Lucke forderte die schon sprichwörtliche „Abgrenzung nach rechts", denunzierte entsprechend Andersdenkende, scheiterte mit dem Putsch und trat danach öffentlichkeitswirksam aus. Er betrieb eine Konkurrenzgründung und bezichtigt den verbliebenen Teil – 80 Prozent sind geblieben – als „Mob" und „rechtsradikal". Beide beklagen sich über den schlechten Stil und die Wut, die sie ernteten, nachdem sie selbst Andersdenkende mehrfach persönlich brüskiert und mit den bekannten Codewörtern zum Ausschluss markiert und der sozialen Ächtung preisgegeben hatten. Beide beklagten eine Verengung der Programmatik und betrieben sie nur selbst. Beide wollten nicht länger als „Feigenblatt“ für diejenigen „herhalten“, denen gegenüber sie sich für etwas Besseres halten.

Tatsächlich warf Horn-Mitstreiter Stefan Kolev dem Kollegen Erich Weede vor, wo der seine Kritik am Kurs der Großen Vorsitzenden veröffentlichte (in der „Jungen Freiheit“), und diese selbst schmähte mehrfach ohne ersichtlichen Grund das Magazin *eigentümlich frei*, ausgerechnet jene Zeitschrift also, deren Redaktionsbeiräte, Kolumnisten und Autoren vermutlich so häufig wie in keinem anderen deutschen Medium der Hayek-Gesellschaft angehören. Der Chefredakteur und Autor dieses Buches zählt dazu. Horn und Kolev haben die Milieu-Frage nicht wirklich verstanden. Denn umgekehrt hätte man ja auch Horn für die Peinlichkeit in den Augen der anderen kritisieren können, dass sie immer noch in den Massenmedien der EU-, Gender- und NATO-Propagandisten publiziert. Nur: Das hat niemand getan! Und hier finden wir wirklich einen Unterschied in Anstand und Stil, deren Worthülsen gerne von denen bemüht werden, die beides im Umgang mit ihren Kontrahenten so sehr vermissen ließen. Am Ende scheiterten beide an ihrer eigenen Intoleranz.

Interessant ist, wer mit Lucke und Horn geht: In beiden Fällen kommen die Abtrünnigen erstens fast ausnahmslos aus den etablierten Parteien (Lindner, Bahr, Paqué aus der FDP oder Oswald Metzger aus der CDU im Falle der Hayek-Flüchtigen, Lucke und Kölmel aus der CDU sowie Geiger und Dilger aus der FDP im Falle der AfD-Untreuen, um jeweils nur mal einige zu nennen). Und zweitens entstammen sehr viele beruflich der Klasse der Nettostaatsprofiteure, vorwiegend jeweils aus den aktiven Universitätsapparaten – genannt „die Professorenriege“. Echte Unternehmer finden sich hier wie dort kaum unter den Flüchtigen. Wen wundert das? Marx hatte nicht völlig unrecht, als er feststellte, dass das Sein das Bewusstsein bestimmt.

Bernd Lucke und seine Freunde stimmen im Europa-Parlament regelmäßig in allen wichtigen Fragen mit den EU-Zentralisten von CDU, SPD, Grünen und FDP zusammen – gegen die EU-Skeptiker von links und rechts. Und Karen Horn begeistert sich über eine „große Rede“ dort, gehalten nicht etwa vom Oppositionsführer Nigel Farage, sondern vom Brüsseler Apparatschik Guy Verhofstadt. Die Haltung zur EU ist nur eine der wesentlichen politischen Scheidelinien, die die Freunde des Establishments von den neuen Alternativen trennt. Die anderen sind deren weitere „alternativlose“ Hauptprojekte: die Umleitung von Multi-Milliarden-Beträgen in die Kanäle von Profiteuren der Ideologie vom menschengemachten Klimawandel, die Zerstörung der natürlichen Familien durch Gender Mainstreaming und damit die Schaffung des neuen Menschen, der allein und wehrlos vor „Vater Staat“ kniet, die Beibehaltung des Schuld- und Scheingeldsystems so lange es irgendwie geht. Das sind Themenfelder, wo keinerlei Widerspruch geduldet wird. Wer es dennoch wagt, darf nicht mehr in Organisationen Mitglied sein, in denen gleichzeitig auch die „Guten“ verkehren.

Wer verstehen will, warum die Quantitätsmedien nach dem Essener Bundesparteitag und der Niederlage von Bernd Lucke im gewohnten Gleichklang die AfD nun noch lautstärker als „rechts“ verdammen, der muss wissen, dass der gesamte neugewählte Bundesvorstand den Gender-Wahn zu bekämpfen trachtet, den Lucke und besonders seine in NRW umtriebige Schwester stets als „Anliegen der Gleichberechtigung“ beschönigten. Und der sollte berücksichtigen, dass gleich vier Mitglieder dieses neuen AfD-Bundesvorstands unser Papiergeldsystem in Frage stellen, das Lucke, der jedwede „Systemkritik“ als Parteiausschlussgrund wertete, durch den Grexit nur retten wollte. Vier Personen im Bundesvorstand, die auch im übrigen als libertär beschrieben werden: Das hat es in der Geschichte der Bundesrepublik vermutlich auch noch nicht gegeben. Jedenfalls nicht in der FDP.

Nun trennten sich die Kostgänger der Macht von denen, die man für unanständig erklärt hat, zur Not und in der Niederlage sogar auf eigene Kosten. Der Bruch ist dabei in vielen Fällen persönlich schmerzhaft. Gerd Habermann, der Sekretär der Gesellschaft und Stiftungsratsvorsitzende, der von Karen Horn entmachtet werden sollte, sprach mehrfach und dabei zuweilen den

Tränen nahe von zerbrochenen Freundschaften. Zwei Personen sind gleich doppelt beteiligt: Die EU-Abgeordnete Beatrix von Storch sitzt inzwischen im Bundesvorstand der AfD und bleibt auch in der Hayek-Gesellschaft, während ihr Straßburger Kollege Hans-Olaf Henkel mit beiden Organisationen brach. Besonders traurig, denn die beiden galten noch vor einem Jahr als einander verbunden. Sie schätzten sich sehr.

AfD und Hayek-Gesellschaft werden womöglich nicht die letzten Organisationen sein, die „gesäubert" wurden. Es traf zuvor auch Medien wie die „Wirtschaftswoche" und dort ausgerechnet den libertär-konservativen Preisträger der Hayek-Medaille 2015 Roland Tichy – verliehen letztmalig und ironischerweise von Karen Horn herself. Die von ihr lancierten Artikel befreundeter Redakteure über den Bruch in der Hayek-Gesellschaft nennen als Bösewicht allesamt und scheinbar exemplarisch immer nur einen Namen – den von Frank Schäffler. Sind er und sein Liberaler Aufbruch in der FDP als nächstes dran, beim Großreinemachen? FDP-Chef Christian Lindner ist jedenfalls einer der Hayek-Abtrünnigen und sicher bei der konzertierten Aktion nicht nur Mitläufer. Er erklärte für die FDP wie zuvor bereits die CDU gerade auch ehemalige AfD-Mitglieder zu Unberührbaren, die in der eigenen Partei „keinen Platz" hätten: „Leute, die Ressentiments gegen ‚Altparteien' und ‚Lügenpresse' mitgetragen haben, die können nicht in der FDP willkommen sein."

Was bleibt ist sowohl in der AfD als auch in der Hayek-Gesellschaft ein weit verbreitetes Gefühl der Befreiung und damit Anlass zu neuem Schwung. Es gibt in beiden Fällen auch Mahner, die nun aber – „in der jetzigen schweren Situation", sie meinen die andauernde Denunziation durch die Ausgetretenen, zur besonderen Vorsicht und Leichtfüßigkeit mahnen. Wenn sich das durchsetzt, hätten Lucke und Horn am Ende doch noch gewonnen. Nicht jeder versteht, dass er am Nasenring durch die Manege gezogen wird, sobald er sich einmal auf die Vorgaben einlässt.

Die politischen Koordinaten sind mit den Brüchen durcheinandergeraten. Die alte Links-Rechts- beziehungsweise

Fortschrittlich-Konservativ-Sortierung sowie die alte Freiheitlich-Unfreiheitlich- beziehungsweise Marktliberal-Staatzentriert-Sortierung muss womöglich um eine dritte Ebene ergänzt werden, eine Ebene, die sicher auch eine psychologische Komponente hat zwischen Mitläufer- und Karrieretyp auf der einen und Widerständlernatur auf der anderen Seite. Und diese dritte Ebene ist sehr relevant geworden und führt deshalb zu Brüchen wie in der AfD oder bei Hayek. Es führt aber auch zu neuen Gemeinsamkeiten von bisher Gegensätzlichem. Jetzt kommt es zu einer wilden Gemengelage, zu Unübersichtlichkeiten und Überraschungen, an die sich viele erst gewöhnen müssen.

Der große Fehler von Pegida war, dass man aus der Anonymität austrat und die Gesprächsverweigerung aufgab. Kathrin Oertel bei Günther Jauch, das war der Anfang vom Ende von Pegida, ganz unabhängig von der dortigen Spaltung, die ja auch nach einem ähnlichen Muster wie danach in der AfD und bei Hayeks ablief. Eine Folgerung aus all dem könnte sein: Wenn das Establishment auf breiter Front die Systemoppositionellen zu Unberührbaren erklärt und jeden Kontakt abbricht, dann könnten diese Ausgestoßenen die Waffe vielleicht wie einst Pegida in ihrer Erfolgszeit auch umgekehrt einsetzen: Wer etwas auf sich hält, sollte dann jedes Gespräch mit der Herrscherkaste verweigern. Dort machen sich längst offenbar Angst und Panik breit. Das böte durchaus Anlass zu einem bisschen Optimismus.

Lucke hat inzwischen seine neue Partei unter dem Namen „Allianz für Fortschritt und Aufbruch (ALFA)“ gegründet. Ein seltsamer Name und eine verschrobene Abkürzung. „AFFA“ wäre naheliegender gewesen oder „AfA“. Doch die Assoziation mit „affig“ musste vermieden werden und auch die Abkürzung „AfA“ für eine buchhalterisch erfasste Wertminderung wäre allzu unglücklich gewesen. Es ging wohl auch eher darum, bei Wahlen zukünftig unter den neuen Parteien alphabetisch vor der AfD auf dem Wahlzettel zu erscheinen. Ja, so kleinkariert denken Lucke und seine Freunde, und sie präsentieren der Presse stolz „schwarze Listen“ mit unerwünschten Personen, denen die Neuaufnahme zu verweigern sei. Die Satzung sieht eine einjährige Probezeit vor, ein Novum in Deutschland und vermutlich juristisch vor dem Parteienrecht nicht haltbar. Aber Lucke hat auch hier mal wieder „ein Zeichen gesetzt".

Und Karen Horn? Was wird nun aus der schon einige Zeit lang offenbar arbeitslosen „Putzfrau"? Fallen ihre Beine nicht genau ins Beuteschema der neuen Magenta-FDP? Werden wir sie bei einer der kommenden Landtagswahlen als salonliberale Spitzenkandidatin wiedersehen, nachdem sie sich beim Reinemachen als besonders würdig erwiesen und „im Kampf gegen rechts" für höhere Aufgaben empfohlen hat? Oder zielt sie in Wirklichkeit auf den Vorsitz der Friedrich-Naumann-Stiftung? Der jetzige Amtsinhaber Wolfgang Gerhardt wird in diesem Jahr 72 Jahre alt. Horn suchte mit der Hayek-Gesellschaft immer gern die Nähe zur staatlich großzügig geförderten Naumann-Stiftung. Und ach, unmittelbar nach ihrem Austritt brach auch der „Hayek-Kreis der Naumann-Stipendiaten" mit der Hayek-Gesellschaft den zuvor engen Kontakt ab. Die Indizien sprechen am Ende eben doch für eine konzertierte Aktion: eine organisierte Spaltung.

IV. Auflösung: Konservativ und libertär

Das Gegenteil von konservativ ist fortschrittlich. In der Praxis sind die Fortschrittlichen heute fast immer Sozialisten. Das Gegenteil von liberal ist etatistisch. In der Praxis sind die Etatisten heute fast immer Sozialisten. Insofern scheinen – quasi auf den ersten Blick – die Begriffe „liberal" und „konservativ" Synonyme zu sein.

Dazu passte eine an anderer Stelle bereits gemachte Beobachtung, dass in konservativen Gesellschaften, in denen Tradition, Religion und Familie geachtet werden, erfahrungsgemäß auch der freiwillige Austausch und das Privateigentum als Kerne liberalen Anliegens hoch geachtet werden. Und umgekehrt dort, wo unter liberaler Vorgabe der Ersatzvater und -sinngeber Staat zurückgedrängt wird, sind konservative Institutionen wie Tradition, Religion und Familie automatisch wieder stärker gefragt. Insofern bedingt das Liberale das Konservative – und umgekehrt.

Konservative und liberale Ansichten haben also viele Gemeinsamkeiten, bis hin zu gemeinsamen Identitäten und gegenseitigen Bedingtheiten. Doch sie bespielen unterschiedliche Ebenen. Der Liberale (wie auch sein Gegenüber, der Etatist) beschäftigt sich mit Regeln und Mechanismen. Er zieht hier den Markt und den freiwilligen Vertrag organisatorisch dem Staat und dem Zwang vor. Liberale oder etatistische Inhalte und Ziele als solche gibt es nicht, weshalb Liberale und Etatisten auch nie ausschließlich nur liberal oder etatistisch sein können. Das wäre wie ein Fanclub für Schiedsrichter oder Gefängniswärter.

Konservative (und auf der anderen Seite Fortschrittliche) beschäftigen sich mit Inhalten und Zielen. Der Konservative zieht das Bewährte und Immerwährende dem Umstürzlerischen und Modischen vor. Aus den genannten Gründen sind die meisten Liberalen deshalb konservativ. Prinzipiell, da auf einer anderen Ebene kombinierend, ist aber auch der fortschrittliche Liberale möglich. Wohlgemerkt, wir meinen hier nicht den FDP-Scheinliberalen, der als solcher recht eigentlich Etatist ist und daher meist fortschrittlich und selten konservativ gesinnt.

Der Liberale (oder zur Verdeutlichung: der „Libertäre“) ist ökonomisch und moralphilosophisch interessiert, der Konservative historisch und praktisch. Als ökonomisch Interessierter kennt der Liberal-Libertäre die unweigerlichen Monopolgesetze: Monopole sind schlecht, weil sie in ihrer bequemen Stellung stets dazu neigen, in der Leistung schlechter und im Preis zunehmend teurer zu werden. Das Problem bei staatlichen Angeboten ist deshalb ihr Monopolcharakter. Dazu kommt die moralphilosophische Fragwürdigkeit von staatlichem Zwang an sich. Der Konservative weiß von diesen Problemen oft nichts, weil ihn Strukturen und ökonomische Zusammenhänge eher nicht interessieren.

Dazu kommt in der Praxis insbesondere in Deutschland, dass manche Nationalkonservative mehr Nationalisten als Konservative sind. Nationalismus und Sozialismus aber sind bekanntlich zwei Seiten derselben kollektivistischen Medaille und Gegensätze zum individualistischen und also liberalen Ansatz.

Könnte Karen Horn also doch recht haben, wenn sie von Gegensätzen zwischen Konservativen und Liberalen spricht? Natürlich nicht in der Konsequenz, wo sie wie Bernd Lucke auch „rote Linien“ und Berührungsverbote zu Menschen oder Medien verlangt. Da widersprechen sie sich ohnehin selbst, denn dann dürften sie nicht mal in der „FAZ“ publizieren, wo hin und wieder auch Autoren schreiben, die sie zu Aussätzigen erklären möchten. Und natürlich auch nicht in Punkten wie der Einstellung zum Ehegattensplitting, die Horn als vermeintliche Trennlinie für relevant hält, weil sie sich aus Berührungsangst mit konservativem Denken gar nicht ernsthaft auseinandersetzt und die liberale Regelsetzung hier missversteht. Wo aber wären wirkliche Gegensätze zu finden?

Schauen wir beispielhaft auf drei Fragen, die Konservative und Liberale heute bewegen. Erstens die LSBTTI-Propaganda an Schulen und Universitäten beziehungsweise die Frühsexualisierung in Kindergärten und Grundschulen. Zweitens Homo-Ehe. Drittens Einwanderung.

Konservative lehnen die Gender-Ideologie inhaltlich strikt ab. Liberale und Libertäre meist auch, dies aber für sich privat. Welche liebende Mutter und welcher verantwortungsbewusste Vater würde freiwillig sein Kind in die Obhut von nicht zufällig fast immer selbst kinderlosen Gender-Ideologen geben?

Was auf den ersten Blick nach einem gemeinsamen Feind aussieht, entpuppt sich in der Praxis als tiefgreifender Widerspruch. „Politisch" würden echte Liberale diese Frage wie jede andere gerne dem Markt anvertrauen. Konservative aber wollen Gender-Lehrstühle an Universitäten, Schwullibulli auf den Lehrplänen für Schulen und die Frühsexualisierung in Kindergärten verbieten und durch andere zentrale Inhalte ersetzt sehen. Liberale lehnen von Politikern ersonnene staatliche Lehrpläne, Schulzwang, staatliche Schulen und Kindergärten grundsätzlich ab und möchten, dass Eltern selbst und auf eigene Kosten entscheiden, wo, wann und wie ihre Kinder unterrichtet oder betreut werden: Je größer und breiter das Angebot, desto besser.

Konservative bemängeln oft den heute fehlenden Respekt der Schüler und Eltern gegenüber den Lehrern. Doch auch der ist Folge des staatlichen Zwangs. Lehrer verhalten sich als Dienstleister für die Eltern an rein privaten Schulen anders als im Staatsdienst, wo sie die Rolle schlecht motivierter Bürokraten einnehmen. Schließlich können Schüler und Eltern auf dem freien Bildungsmarkt auch kündigen, wenn die angebotene Leistung schlecht ist. Umgekehrt hat es unmotivierte und respektlose Schüler an privaten Bildungseinrichtungen nie gegeben. Denn vom Staat befreite Schulen haben natürlich ein Kündigungsrecht, wenn ihre Einrichtungen von Vandalen missbraucht werden.

Fazit: Auch die allermeisten Liberalen empfinden Genderwahn in der Bildung als Zumutung. Aber die Rückkehr zu Frontalunterricht und Prügelstrafe wäre für wohl ebensoviele von ihnen dieselbe Zumutung. Liberal-Libertäre möchten selbst entscheiden, wo viele Nationalkonservative nach „Formung des Einzelnen" gemäß zentraler Vorgaben streben und die moralischen und ökonomischen Probleme des staatlichen Monopols nicht einmal im Ansatz erkennen.

Das zweite Beispiel: Konservative lehnen die Homo-Ehe ab, eine fortschrittlich-zeitgeistige Idee, die auch vor ein paar Jahrzehnten noch fast jeder (und auch die meisten Schwulen) für geisteskrank erklärt hätte. Liberal-Libertäre lehnen die staatliche Ehe ab und verteidigen das Recht der Kirchen, über den Zugang zur Ehe selbst zu entscheiden. Viele Jahrhunderte lang kamen Familien ohne staatlichen Trauschein – wie auch ohne jede sogenannte Familienpolitik – sehr gut zurecht. Die Ehe ist von jeher eine private und religiöse Institution. Erst in jüngster Zeit hat der Staat nach Bismarck auch die Ehe an sich gerissen. Und das gereichte auch dieser Institution nicht zu ihrem Vorteil. Denn natürlich hat der Monopolist die Sache immer wieder neu in seinem Sinne interpretiert. Nicht erst mit der Homo-Ehe, sondern schon zuvor beispielsweise mit der modernen Scheidungsgesetzgebung oder mit der Verstaatlichung urfamiliärer Angelegenheiten wie Erziehung, Fürsorge, Vorsorge und Alterssicherung. Liberal-Libertäre möchten deshalb die Ehe zurück in private und kirchliche Hände legen. Aber sie sagen auch: Wenn zwei Männer mit dem Segen einer lesbischen Pfarrerin der evangelischen Kirche den Bund fürs Leben schließen, dann sollen sie das tun, denn es geht Dritte schlicht nichts an. Es ist allein die persönliche Angelegenheit der Beteiligten. Genau wie es auf der anderen Seite die Angelegenheit beispielsweise der katholischen Kirche ist, das Sakrament der Ehe wie eh und je nur Paaren aus Mann und Frau zu bescheinigen. In dieser Frage könnten sich wirkliche Liberale und wirkliche Konservative wohl am ehesten einig sein. Denn wer als Liberaler die staatliche Homo-Ehe befürwortet, ist sowenig liberal wie der Konservative, der die staatliche Ehe für Mann und Frau verteidigt, wirklich konservativ ist. Konservative, die das tun, haben sich nicht wirklich mit der Geschichte und mit praktischen Fragen beschäftigt.

Und Einwanderung? Ein weites Feld, das mit der beginnenden Asylkrise im Sommer und Herbst 2015 kurz vor Fertigstellung dieses Buches an alles überragender Bedeutung gewinnt.

Der ungarische Ministerpräsident Viktor Orbán sprach davon, dass es sich bei der sogenannten Flüchtlingskrise „um ein deutsches Problem handelt". Natürlich hat er recht, es ist ein deutsches Problem aufgrund unserer besonders hohen sozialstaatlichen Anreize. Dänische Politiker wissen das – und haben ihre Leistungen für Asylbewerber drastisch gekürzt. Auch so kann man – ganz anders als Bundeskanzlerin Angela Merkel – „Zeichen setzen".

Das „Asylrecht" gilt derweil für alle als sakrosankt. Warum eigentlich? Es ist doch nur eine dieser modernen staatlichen Erfindungen. Früher sind die Menschen einfach aus- und eingewandert. Wer verfolgt war, dem wurde zuweilen von Mildtätigen geholfen. Das ist ja das Problem nicht nur des Asylstaats, sondern auch sonst des Sozialstaats innen oder der Entwicklungshilfe nach außen, dass er auf beiden Seiten entmenschlicht: Echte Solidarität und Anteilnahme wird mit erzwungenen Abgaben getötet und die großzügig von Steuergeldern Alimentierten verlieren mit der Zeit jeden Antrieb und jede gesunde Selbstachtung.

Die liberal-libertäre Lösung? Asylfrage privatisieren und Grenzen abbauen, die überhaupt nur durch Sozialismus in der heutigen Form aufgebaut werden mussten. Grenzsicherungen sind eine typische Folge der politischen Interventionsspirale. Ein Wohlfahrtsstaat ohne bürokratische Grenzziehung ist nicht haltbar. Wir sollten ihn schleifen, nicht die Grenzen dicht machen. Dann erledigt sich auch die Massenzuwanderung weitgehend von selbst.

Grundsätzlich können wir beim Thema Zuwanderung feststellen, dass Konservative auch hier auf den Erhalt von Tradition, Familien und Religion bedacht sind, während Liberal-Libertäre sich auf moralphilosophische Fragen und ökonomische Ansätze konzentrieren. Deshalb streiten wirklich Liberale untereinander gerne darüber, ob es „Recht auf Einwanderung" gibt oder nicht. Und sie alle vermuten, dass sich die meisten bestehenden Probleme lösen, sobald sich der Staat mit seinen Versorgungsanreizen und Verboten heraushält. Liberal-Libertäre sehen kein Problem darin, wenn jemand sein Glück in der Ferne sucht – auf eigene Kosten. Problematisch wird es erst, wenn auch hier die Freiwilligkeit verletzt wird, indem zum Beispiel die Einheimischen die Neuankömmlinge durch sozialstaatliche Umverteilung zwangsfinanzieren müssen oder diese an eigener Arbeit und also Selbstversorgung im Austausch mit anderen gehindert werden.

Nun ist für manche deutsche Nationalkonservative „der Bevölkerungsaustausch" und „das Sterben des deutschen Volks" die existenzielle Frage unserer Zeit. Hier sind einige wohl tatsächlich mehr völkische Nationalisten als Konservative. Denn echte Konservative wissen, dass es Völkerwanderungen und Vermischungen immer gegeben hat und immer geben wird. Wenn Nationalisten beim Thema Zuwanderung Schaum vor dem Mund bekommen, beschimpfen sie den Liberalismus als ihren Hauptfeind – verantwortlich für die „Zersetzung der Völker". Tatsächlich verurteilen sie den Pluralismus. Sie sind als Etatisten große Anhänger staatlicher Monopole und kollektivistischer Zwangsmaßnahmen.

Hier trennen sich aber nicht nur Liberal-Libertäre von ihnen, sondern auch echte Konservative, die völkische Gleichschaltung ebenfalls als Bedrohung von (häufig gemischter) Familie, (internationaler) Religion und (regionaler) Tradition wahrnehmen. Es ist deshalb ein Treppenwitz, dass die einzigen, die sich heute in Deutschland noch freimütig selbst als „Rechte" bezeichnen, tatsächlich oft Nationalisten und damit Linke sind. Denn der Nationalismus ist neben dem Sozialismus und der Demokratie eine der drei Nachgeburten der Französischen Revolution als linkem Fanal.

Fazit: Den türkischen Gemüsehändler mögen Nationalisten als Bedrohung empfinden, Liberale schätzen das zusätzliche Angebot, das sie annehmen oder ablehnen können. Was bleibt, sind große Gemeinsamkeiten zwischen Liberalen und Konservativen, da die meisten wirklich Liberalen und Libertären in einer Zeit des immer radikaler „fortschrittlichen" und also sozialistischen Staats auch konservativ sind. Hier ergänzen sich die liberalen Regeln und die konservativen Inhalte. Die Konservativen aber dürfen im Austausch mit den Liberalen neugieriger werden und sich entscheiden. Sie sollten, wenn nicht die moralphilosophischen, dann wenigstens die ökonomischen Probleme des staatlichen Monopols verstehen lernen, wenn sie an einer konservativeren Zukunft interessiert sind. Und sie müssen sich entscheiden, ob sie wirklich konservativ und damit wahrscheinlich liberal sind, oder aber völkische Nationalisten, die zu Recht ihren größten Feind im Liberalismus und in der pluralistischen (Markt-) Gesellschaft erblicken.

Noch ein Wort zur sich zuspitzenden Lage in Deutschland im Herbst 2015: Ihr jungen Männer, o kommet, o kommet doch all'! Ganz Helldeutschland hält die Wunderkerzen hoch und verteilt Teddybären. Die jungen Männer kommen gerne aus der Ferne. Eine Million allein 2015. Vielleicht auch schon mehr. Und im nächsten? Völker der Welt, kommt in dieses Land! Der deutsche Steuerzahler übernimmt Kost und Logis – und zahlt bar ein Taschengeld obenauf. Heute und immerdar.

Ja, wir sind wieder wer und täglich mehr. Eine – quatsch: die – „moralische Supermacht" (Bruno Bandulet). „Diesmal zwingen wir den anderen nicht in Knobelbechern unseren Willen auf, sondern in Birkenstock-Sandale und Batiktuch" (Jan Fleischhauer). „Made in Germany" ist oldschool, der neue Exportschlager heißt „Willkommenskultur" – yes, we can: Wir schaffen das!

Während der VW Käfer aus dem Wirtschaftswunderland alte und vor allem neue Automobilisten in aller Herren Länder überzeugte, reibt sich die Welt – frage einen ausländischen

Freund deiner Wahl im Norden, Süden, Osten, Westen – über Helldeutschland nur noch verwundert die Augen: Seid ihr jetzt völlig verrückt geworden?

Selbst in Skandinavien wird inzwischen der Gender-Wahnsinn negativ beurteilt und zurückgefahren – die Große Koalition aber baut entsprechende Programme und Stellen munter weiter aus. Selbst in Russland werden die Krippen genannten Kinderverwahranstalten heute kritisiert und durch familiäre Geborgenheit ersetzt – Schwarz-Rot in Berlin beschließt die flächendeckende Vollversorgung, koste es, was es wolle, auch menschlich. Selbst Japan ist zur Atomkraft zurückgekehrt, an der alle anderen ohnehin festgehalten haben – Merkels Regierung aber hält unverdrossen an der so plötzlich wie die Willkommenskultur hereinbrechenden „Energiewende" fest. Ein Milliardengrab – selbst geschaufelt.

Die Welt staunt. Fassungslos. Wie und wo wird der deutsche Rausch diesmal enden? „Wollt ihr ihn, wenn nötig, totaler und radikaler, als wir ihn uns heute überhaupt erst vorstellen können?" fragte Humpelstilzchen sicherheitshalber nochmal nach. „Ansonsten ist das auch nicht mehr mein Land", droht Mutti, eine Alternative kurz vor dem Grande Finale immerhin andeutend. Eine Alternative für Deutschland? Die AfD hat nun alle Chancen der Welt, dagegenzuhalten, wo die Große Koalition an sich selbst scheitert.

Kinder werden aus Schulen gejagt, Soldaten räumen ihre Kasernen, um selbst in Zelten zu schlafen, städtischen Mietern wird nach 16 Jahren die Wohnung gekündigt, um Platz für Migranten zu machen. Grüne und Rote drängen, Privatwohnungen zu konfiszieren und Dritten zuzuweisen, so wie es in der Sowjetunion die Bolschewiken vorgemacht haben. Der nächste Schritt war der Gulag für Andersdenkende.

Wen wundert da, dass der Widerstand wächst? Die medialen Lügengebäude bekommen Risse, langsam verbreitet sich die Kunde von der Wirklichkeit. Bald auch mit saftigen Erhöhungen von Steuern und vor allem Sozialabgaben. Denn jeder eben noch Willkommensbejubelte hat das zweifelhafte Recht, auf Kosten der noch arbeitenden Bevölkerung versorgt zu werden. Auf Dauer.

Pegida in Dresden meldet seit Monaten wieder steigende Teilnehmerzahlen. In Erfurt demonstriert die AfD mit dem umtriebigen Landesvorsitzenden Björn Höcke seit Mitte September jeden Mittwoch. Beim ersten Mal kamen 1.500, bei der zweiten Zusammenkunft waren es bereits mehr als 5.000, die „Lügenpresse" und „Wir sind das Volk" skandierten.

Wie es scheint, boten Herbst und Winter 2014 nur den Probelauf von Pegida und Co. Die Ostdeutschen mit ihrer ganz eigenen Revolutionserfahrung sind offenbar nun wieder zu einigem bereit. Eine Welle, auf der die AfD zu ganz neuen Erfolgen segeln könnte.

2014 hatte Pegida in Dresden im Oktober mit 250 Teilnehmern bei der ersten Montags-Demonstration begonnen. Bis Anfang Januar stieg die Beteiligung kontinuierlich an. Anfang November waren es 1.000, Anfang Dezember erstmals mehr als 10.000, Anfang Januar auf dem Höhepunkt 25.000, bevor der Anschlag von Paris und eigene Fehler den zwischenzeitlichen Niedergang einläuteten, der mit der anschwellenden Asylkrise beendet wurde und sich seit Spätsommer 2015 umkehrt.

Man muss kein Prophet sein, um vorherzusagen, dass wohl bald wieder Zehntausende durch Dresden und andere ostdeutsche Städte ziehen werden. Dass sie sich dann von der Aktuellen Kamera und dem Rest der Bagage als „Dumpfbacken", „Pack" und „Nazis" beschimpfen lassen müssen. Auch diese beschämende „Berichterstattung" wird die Demonstrationsteilnehmer nur noch wilder und entschlossener machen.

Die Rufe in Erfurt und Dresden sind weitgehend die aus dem Jahr 2014, und sie sind treffender denn je, wenn sie den Blockmedien den Spiegel vorhalten, verbal auf den Gegensatz zwischen Ausbeutern und Ausgebeuteten hinweisen und an den Aufstand in der DDR anschließen. Zwei Parolen aber sind neu hinzugekommen: „Merkel in den Knast!" Und: „Neuwahlen!"

Innenpolitisch stehen wir womöglich vor einschneidenden Beben. Außenpolitisch auch. Beides sind letztlich nur Symptome einer wirtschaftlich brüchigen Zeit. Auch die deutsche „Flüchtlingskrise“ ist insofern nur Spielball und Symptom. Die auf Scheingeld gebaute Schuldenwirtschaft pfeift weltweit auf ihrem letzten Loch. Es dürfte langsam ungemütlich werden. Für uns. Aber auch für unsere Schein-Eliten. Wer will wetten, dass diese Bundeskanzlerin bis zum Ende der Wahlperiode noch im Amt sein wird?

Die AfD als die vorläufig einzige ernsthafte, wirkliche wahlpolitische Alternative steht vor großen Herausforderungen und noch größeren Chancen. Sie ist der in der Vorgeschichte beschriebenen Blaupause von 2003 nur bedingt gefolgt. Ja, es war eine organisierte Gründung von oben. Und viele Mitglieder suchten tatsächlich nach einer authentischen Alternative, so wie sie vom Autor dieses Buches früh skizziert wurde. Aber der Gründervater Bernd Lucke hatte ganz andere Motive. Am Ende setzte er beim Putsch von oben gegen die eigene Basis alles auf eine Karte – und verlor. Der Plan CDU-FDP 2.0 und also die Etablierung einer Scheinalternative für Deutschland ist damit Geschichte.

Eine wirkliche Alternative für Deutschland ist gefragter denn je. Die neue Führung um Frauke Petry wird sehr bald sagen und zeigen müssen, wofür sie steht. Eine Programmdebatte ist zu führen, es stehen entscheidende Landtagswahlen an. Dieses Buch zeichnet nicht nur die Kriminalgeschichte der Operation Spaltung nach, es bietet auch einen Vorschlag an für die zukünftige Richtung der Partei: ein in wichtigen Fragen systemalternativer Kurs, der nur mit libertären und konservativen Vorgaben zu navigieren sein wird. Mehr denn je benötigen die wirklich Konservativen das libertäre Korrektiv, auch deshalb, weil sich entschiedener Liberalismus nicht so einfach als „rechtsaußen“ abtun lässt. Die Alternative wäre der Untergang im nationalistischen Narrensaum oder das Aufgehen in sozialdemokratischer Beliebigkeit.

eigentüm

Eigentum

und Recht

und Freiheit

lich frei

FSC
www.fsc.org
MIX
Papier aus verantwortungsvollen Quellen
Paper from responsible sources
FSC® C105338